ADGN0010

FISCALIDAD OPERATIVA

ADGN0010

FISCALIDAD OPERATIVA

Sandra de Prado Morante

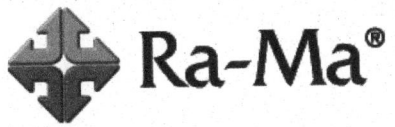

La ley prohíbe
fotocopiar este libro

ADGN0010 - FISCALIDAD OPERATIVA
© Sandra de Prado Morante
© De la edición: Ra-Ma 2025

Editado por:
RA-MA Editorial
Calle Jarama, 3A, Polígono Industrial Igarsa
28860 PARACUELLOS DE JARAMA, Madrid
Teléfono: 91 658 42 80
Fax: 91 662 81 39
Correo electrónico: *editorial@ra-ma.com*
Internet: *www.ra-ma.es* y *www.ra-ma.com*
ISBN: 979-13-8764-278-5
Depósito legal: M-5576-2025
Maquetación: Antonio García Tomé
Diseño de portada: Antonio García Tomé
Filmación e impresión: Safekat
Impreso en España en febrero de 2025

A todos los autónomos que día a día luchan por levantar y mantener sus empresas, en especial a mi madre y a Miguel por conseguir que su negocio forme parte ya de muchas vidas.

ÍNDICE

INTRODUCCIÓN

El autónomo hoy en día forma casi el 17% del total de la población ocupada en nuestro país. Se trata de un colectivo que, en nombre propio y por medio de una actividad profesional o comercial, desarrolla una de las formas más frecuentes de creación de empresa en nuestros días.

El objetivo de este libro es ayudar a este colectivo a conocer y cumplimentar de forma organizada aquellos modelos correspondientes a los impuestos que les conciernen.

Independientemente de sus conocimientos podrá entender y comprender los diferentes impuestos que le corresponden, sus modelos y forma de presentación. De este modo se permitirá al autónomo formar parte de todo el entramado fiscal que, en numerosas ocasiones, delega en asesorías fiscales o asesores particulares.

Todos los conceptos y conocimientos van acompañados de ejemplos gráficos que le permitirán asimilar mejor toda la información de forma que, al finalizar la lectura de esta obra, estará perfectamente capacitado para conocer sus propios impuestos e incluso llevarlos a cabo de forma independiente.

Capítulo 1

EL EMPRESARIO AUTÓNOMO: FISCALIDAD

Una vez que la persona física decide encaminar sus pasos hacia el mundo de la empresa como empresario autónomo comienza la tarea más difícil que deben afrontar (al margen de sus ventas o prestaciones de servicios): la elaboración de sus facturas y liquidación de impuestos.

Es común que el empresario autónomo no se preocupe de estos temas hasta que no se encuentra de frente con ellos y, es común también, que el empresario autónomo delegue esta tarea a otros, asesorías fiscales o asesores particulares.

En esta obra nos ocuparemos de aclarar al autónomo ambos temas: por un lado los detalles más importantes sobre la elaboración de sus facturas y, por otro, la elaboración de los modelos de liquidación de aquellos impuestos que como empresa individual deba procesar. De este modo, comenzaremos por aclarar las posibles dudas que pudiera tener relativas a las facturas y su estructura.

1.1 IMPUESTOS EN LAS FACTURAS

Una vez que ya se ha formalizado el alta en el Régimen Especial de autónomos ya está en disposición de realizar facturas con sus datos fiscales: nombre propio, domicilio y su DNI, que será el equivalente al CIF de las sociedades.

Al detalle que vamos a prestar atención en este epígrafe es a los impuestos que deberán aparecer dentro de dichas facturas, puesto que serán precisamente estos impuestos los que den objeto a las posteriores liquidaciones que detallaremos.

1.1.1 El IVA

Todas las facturas que se emitan deberán contener el porcentaje correspondiente de IVA; este porcentaje podrá ser el denominado como general (18%), el porcentaje reducido (8%) o el porcentaje superreducido (4%), dependiendo del objeto o actividad a la que se esté dedicando. Por ejemplo, el porcentaje reducido se aplica en la hostelería, entradas de espectáculos, flores y plantas, el servicio de autopistas, etc., y el porcentaje superreducido se aplica en las revistas y libros, productos alimenticios básicos como el pan, la leche, los huevos, etc. Regularmente y para la gran mayoría de productos y actividades se aplicará el 18% de IVA.

Por otro lado, es importante destacar también que no todas las actividades deben aplicar este porcentaje de IVA en sus facturas, puesto que existen algunas actividades exentas de tal impuesto. Tales acciones se resumen principalmente en los servicios de docencia, enseñanzas variadas, servicios culturales y determinados servicios deportivos, las actividades de seguros y los servicios prestados por artistas, traductores, etc. En estos casos las facturas emitidas deberán presentarse exentas de IVA y, por tanto, este impuesto no se liquidará en ninguna de las modalidades que posteriormente se explicaremos.

De este modo, y para que el lector lo utilice como ejemplo, supongamos una factura por una venta de productos al 18% de IVA donde el importe neto asciende a 978 €. En su factura el importe final será el resultado de sumar al importe neto el porcentaje de IVA correspondiente aplicado al mismo, es decir, 978 + 176,04 = 1.154,04 €.

Para finalizar, simplemente aclarar al lector que el IVA que se aplica en las facturas no se trata de un ingreso que forme parte de la venta, simplemente nos convertimos en intermediarios entre el cliente y la Administración Pública, es decir, esas cuantías serán las que debamos compensar con aquellas que a nosotros nos graven para, posteriormente, "hacer cuentas" con Hacienda.

1.1.2 El IRPF

Además del impuesto sobre el valor añadido que en el epígrafe anterior hemos explicado, las facturas además deberán contener el porcentaje que corresponda en concepto de IRPF (Impuesto sobre la Renta de las Personas Físicas). Este impuesto, al contrario que el anterior, se descuenta del total y se trata de pagar por cada factura al Estado un porcentaje en concepto de impuestos. Se asemeja al porcentaje de IRPF que a los trabajadores les retienen en sus nóminas, aunque en este caso con muchos matices.

Es importante destacar que esta retención solamente se aplicará en el caso de actividades destinadas a servicios profesionales. En caso de actividades empresariales, venta de productos, por ejemplo, **no** se debe realizar ninguna retención. Fundamentalmente nos referimos a las prestaciones de servicios como aquellas a las que se dirige esta retención.

De forma general se retiene un 15% en cada factura. De todas formas, el autónomo podrá retener un 7% de IRPF durante el año de inicio de la actividad y los dos años siguientes, pero solamente en caso de no haber desempeñado ninguna actividad profesional paralela o anterior a la realización de las actividades actuales.

De este modo, una factura de prestación de servicios cuyo montante ascienda a 489 € se calcularía del siguiente modo: 489 – IRPF (15%) = 489 – 73,35 = 415,65 €.

Por otro lado, en caso de tener que elaborar una factura en la que se debiera aplicar IVA e IRPF se calcularía del siguiente modo:

890 + IVA (18%) – IRPF (15%) = 890 + 160,20 – 133,50 = 916,70 €

1.2 REGÍMENES DE ESTIMACIÓN

Para los autónomos existen básicamente dos Regímenes de estimación a la hora de liquidar sus impuestos: **estimación directa** (normal y simplificada) y **estimación objetiva** (módulos). Explicaremos en los siguientes epígrafes cada una de ellas y los requisitos que se exigen en las mismas, para que el lector pueda aclarar sus dudas al respecto y pueda clarificar las diferencias que las separan.

1.2.1 Estimación Directa Normal

Este Régimen de estimación se basa fundamentalmente en la obtención de un rendimiento neto anual basándonos en las diferencias ocasionadas entre ingresos y gastos. Pueden acogerse a este Régimen los empresarios cuya cifra neta de negocios del año anterior de todas las actividades que realice en su conjunto supere los 600.000 €, o bien se haya renunciado a este tipo de Régimen para acogerse a la Estimación Directa Simplificada.

Además, para que el empresario pueda acogerse a este Régimen, las actividades que realice no deben estar sometidas al Régimen de Estimación Directa Simplificada o al Régimen de Estimación Objetiva (ambos se detallarán en posteriores epígrafes). De este modo, ya puede observar las incompatibilidades que existen entre los distintos Regímenes de estimación.

Solamente existe una forma en la que diferentes actividades pueden situarse en diferentes regímenes y se da cuando el empresario inicia una actividad nueva durante el año natural mientras ya ejercía otra. La antigua actividad se liquidaba mediante el Régimen de Estimación Directa Normal y la nueva actividad debe liquidarse mediante Estimación Simplificada o Estimación Objetiva. En este caso ambas actividades podrán liquidarse en sus diferentes regímenes hasta que finalice el ejercicio, es decir, la incompatibilidad aparecerá al comienzo del siguiente ejercicio, donde el empresario deberá regularizar esta situación unificando el criterio de liquidación.

1.2.2 Estimación Directa Simplificada

Los requisitos de aplicación de este Régimen de estimación son los mismos que para la Estimación Normal, es decir, el empresario debe superar los 600.000 € de su cifra neta de negocios para poder acogerse a dicho Régimen y no encontrarse la actividad acogida exclusivamente dentro del Régimen de estimación Normal.

Las diferencias que encontramos entre ambos Regímenes de estimación se encuentran en las obligaciones formales que exigen uno y otro. La Estimación Simplificada implica menos obligaciones burocráticas que la Estimación Normal, ya que, en Régimen Simplificado no se tiene la obligación de llevar la contabilidad ajustada al Código de Comercio desde el punto de vista fiscal, aunque sí que se tienen que llevar los libros de ventas e ingresos, de compras y gastos y de bienes de inversión.

También se destaca una diferencia evidente en el Régimen Simplificado es la existencia de un gasto adicional del 5% en el rendimiento neto como gastos de difícil justificación y la tabla de amortización simplificada que no se permite utilizar en el Régimen Normal. Por otro lado, la estimación normal permite deducir las provisiones dotadas por el autónomo, al contrario que en la estimación simplificada.

Todo el resto de funcionamiento es similar y, por tanto, tendrá que decidir el autónomo si puede ser conveniente un sistema u otro, pero basándose más en estimaciones fiscales y deducciones que en otros aspectos.

1.2.3 Estimación Objetiva o Módulos

Este Régimen de estimación es completamente diferente a los dos anteriores puesto que no se basa en el cálculo de un rendimiento neto obtenido de los ingresos y los gastos, sino que se determina a partir de unos módulos que no se corresponden con su actividad real.

Para poder acogerse a este Régimen, en primer lugar se debe haber renunciado a cualquiera de los dos anteriores y, en segundo lugar, se debe situar a la actividad a desempeñar dentro del listado de actividades acogidas Ministerialmente a este tipo de estimación.

De este modo, el Régimen de Estimación Objetiva calculará una cuota que no se basará en la obtención de ingresos y deducción de gastos, sino que dependerá de una serie de parámetros determinados por la Agencia Tributaria, como los metros de local del negocio, los empleados, etc. Así, este tipo de estimación resultará interesante para aquellos autónomos que estimen unos ingresos muy elevados, puesto que la cuota a devengar no dependerá de los mismos.

Otra ventaja de este tipo de estimación es que el autónomo no tendrá la obligación de llevar una contabilidad exhaustiva en cuanto a sus ventas y compras, puesto que sus cuotas, tal y como hemos aclarado, no dependerán de las mismas.

Capítulo 2

EL IVA: TRIBUTACIÓN Y MODELOS

El IVA, Impuesto sobre el Valor Añadido, es un tributo indirecto que recae sobre el consumo, gravando así las operaciones de compra-venta de bienes y prestaciones de servicios que realizan los profesionales y empresas, así como las importaciones de bienes y las adquisiciones intracomunitarias (de las que hablaremos en posteriores epígrafes).

No se trata, por tanto, de un impuesto que soporte directamente el empresario, sino que principalmente recae en el consumidor. El empresario, en este caso, actúa simplemente como intermediario entre estos consumidores y la Hacienda Pública.

La idea fundamental a la hora de liquidar el IVA es la compensación de todo el IVA que ha soportado el empresario en sus compras, con todo el IVA repercutido que él mismo ha cargado en sus ventas o prestaciones de servicios. De este modo, aunque con detalles que se aclararán a lo largo de los modelos, se trata de liquidar trimestralmente la diferencia entre ambos, obteniéndose un resultado a pagar o a devolver, que será el que liquidará la empresa con Hacienda.

Una vez claro el concepto y objeto del impuesto que se va a liquidar, pasaremos en los siguientes epígrafes a detallar los modelos que el autónomo deberá presentar, las fechas y requisitos que deberá tener en cuenta en los mismos y los ejemplos numéricos necesarios para que todo el proceso quede lo suficientemente claro.

2.1 ESTIMACIÓN DIRECTA: NORMAL Y SIMPLIFICADA

En ambos casos el autónomo deberá presentar los siguientes modelos en las fechas que se indican:

- **Modelo 303**: se trata del modelo que se utilizará para la liquidación trimestral del IVA. La presentación de este modelo dependerá de si el autónomo está inscrito en el Registro de devolución mensual o, por el contrario, no se encuentra inscrito en este registro.

  En caso de ser un autónomo que sí haya solicitado su inscripción en el Registro de devolución mensual deberá presentar la denominada autoliquidación telemática del Modelo 303 en las siguientes fechas:

  - Primer trimestre - Entre el 1 y el 15 de abril.
  - Segundo trimestre - Entre el 1 y el 15 de julio.
  - Tercer trimestre - Entre el 1 y el 15 de octubre.
  - Cuarto trimestre - Entre el 1 y el 25 de enero.

  Para aquellos autónomos que, por el contrario, no tengan solicitada la devolución del impuesto mensual, presentarán este modelo a través de formulario o a través de la autoliquidación telemática en las siguientes fechas:

  - Primer trimestre - Entre el 1 y el 20 de abril.
  - Segundo trimestre - Entre el 1 y el 20 de julio.
  - Tercer trimestre - Entre el 1 y el 20 de octubre.
  - Cuarto trimestre - Entre el 1 y el 30 de enero.

- **Modelo 390**: se trata del modelo que se utilizará para la liquidación anual del IVA.

  En este modelo se realizará un resumen de toda la información contenida en los documentos trimestrales.

  Para la presentación de este impuesto el empresario autónomo cuenta con un plazo similar a la presentación del cuarto trimestre del IVA, es decir, se presentarán de forma simultánea del 1 al 30 de enero.

2.1.1 Modelo 303

En ejercicios anteriores este modelo trimestral se podía presentar o bien de forma física, a través de su impreso correspondiente, o bien de forma telemática, a través de Internet.

En este ejercicio económico, como ya se adelantó en el epígrafe anterior, aquellos autónomos que hayan solicitado su inscripción en el Registro de devolución mensual del IVA tendrán la obligación de realizar una presentación telemática, en caso contrario el autónomo podrá optar por presentar el modelo a través del formulario que se muestra en la web, o de forma telemática.

De cualquier forma, los datos a plasmar y la información que se recoge es la misma.

Nosotros mostraremos al lector las diferentes casillas que componen los formularios que presenta la Agencia Tributaria y que son válidos para cualquier tipo de presentación en cuanto a su contenido.

Para realizar de forma correcta esta presentación deberá seguir los siguientes pasos:

1. Abrir la página web de la Agencia Tributaria: *www.aeat.es*

2. Seleccionar la opción "Modelos y Formularios" situada en la columna derecha de la pantalla.

3. Seleccionar el tipo de impuesto que se desea liquidar; en nuestro caso elegiremos el Impuesto sobre el Valor Añadido.

4. Dentro del listado de formularios debemos seleccionar el Modelo 303.

5. En la siguiente pantalla es donde el usuario podrá seleccionar la presentación a través del formulario o a través de certificado digital en autoliquidación.

   Para poder visualizar las partes y contenido del modelo debemos seleccionar la opción **Formulario**.

6. Automáticamente, se mostrará en pantalla el formulario con las casillas y datos necesarios para su cumplimentación.

   Este contenido será el que posteriormente se analice pormenorizadamente.

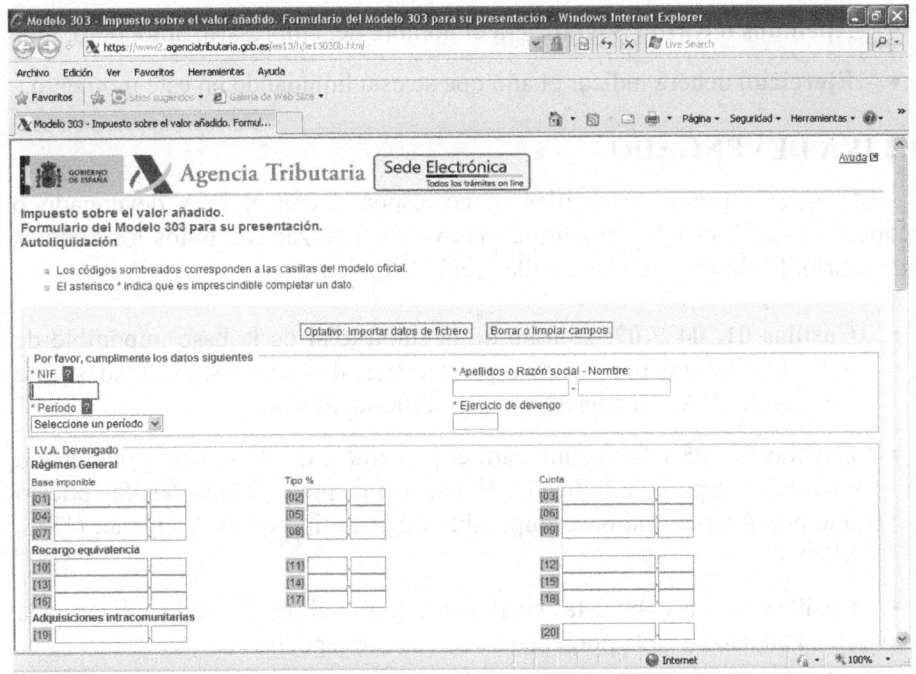

El Modelo 303 se compone de cuatro apartados fundamentales, tal y como veremos en el formulario mostrado:

- Datos del empresario.

- IVA Devengado.

- IVA Deducible.

- Resultado de la liquidación.

Estos apartados contienen diferentes grupos de casillas, que serán las que el empresario deberá completar con los datos numéricos que contenga. A continuación, explicaremos cada uno de estos grupos de casillas para aclarar cuál deberá ser el contenido de las mismas.

2.1.1.1 DATOS DEL EMPRESARIO

La primera parte del formulario se compone de los datos propios del empresario autónomo:

- **NIF**: indicando los dígitos y la letra correspondiente.

- **Período**: se trata de utilizar el desplegable propuesto para seleccionar el trimestre que se está liquidando.

- **Apellidos o Razón Social**: será el nombre del empresario autónomo.

- **Ejercicio**: deberá indicar el año que se está liquidando en este momento.

2.1.1.2 IVA DEVENGADO

El segundo grupo de casillas se corresponde con el IVA devengado o repercutido, es decir, el IVA cargado en las ventas realizadas a todos los clientes del empresario. El desglose de las casillas será el siguiente:

- **Casillas 01, 04 y 07**: se trata de la suma total de la base imponible de todas las facturas por ventas o prestaciones de servicios, ejecutadas y no exentas de IVA, del trimestre que se está liquidando.

- **Casillas 02, 05 y 08**: se indicará el porcentaje de IVA correspondiente a cada base imponible indicada. El usuario dispone de tres casillas puesto que podrá tener una base imponible de cada tipo de IVA vigente (18%, 8% o 4%).

- **Casillas 03, 06 y 09**: estas casillas recogerán el resultado de aplicar cada cuota anotada a cada porcentaje de IVA correspondiente.

> **NOTA**: todas las casillas contienen dos cuadros, el cuadro principal será para las cantidades en euros enteras y el cuadro secundario para los decimales correspondientes a los céntimos de euro.

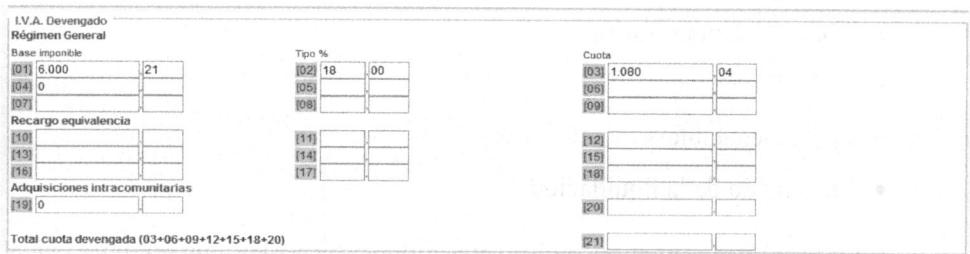

- **Casillas 10, 13 y 16**: si el empresario está inscrito como minorista en el mercado deberá liquidar, además del porcentaje oportuno de IVA, el recargo de equivalencia que corresponda. En este caso se indicará también la base imponible aplicable a ese recargo de equivalencia; es importante destacar que esta base imponible será aquella objeto del recargo.

- **Casillas 11, 14 y 17**: se indicará el porcentaje que corresponda de recargo de equivalencia. Estos recargos actualmente están cifrados en el 4% (para las ventas o prestaciones de servicios al 18% de IVA), el 1% (con el 8% de IVA) y el 0,5% (con el 4% de IVA).

- **Casillas 12, 15 y 18**: se calculará el porcentaje de recargo indicado sobre la base imponible correspondiente.

- **Casilla 19**: esta casilla forma parte del apartado denominado Adquisiciones Intracomunitarias. Se debe aclarar en un primer momento este concepto y sus características antes de continuar con el Modelo 303.

  Las adquisiciones intracomunitarias de bienes son compras realizadas a países comunitarios. En este sentido se pueden dar dos tipos de adquisiciones intracomunitarias:

  – Adquisiciones a países de la Comunidad Europea realizadas desde España, por tanto, los empresarios tributarán al IVA español vigente en ese momento. En este caso, el requisito fundamental será el transporte de los productos desde el otro Estado miembro hacia nuestro país, es decir, debe existir movimiento de las mercancías entre los estados miembros implicados.

  – Adquisiciones intracomunitarias de medios de transporte nuevos (embarcaciones, aeronaves, etc.) realizadas por empresarios sin NIF-IVA, es decir, adquisiciones efectuadas por personas jurídicas que no actúan como empresarios o bien empresarios que tributan en Regímenes especiales.

  En este sentido, el empresario anteriormente debía presentar una autofactura junto con la factura expedida por el proveedor comunitario. Actualmente ya no existe esta obligación, siendo la factura enviada por dicho proveedor la que acredita la adquisición. Así, el empresario registrará esta factura dentro de las facturas recibidas y se autoliquidará la operación anotando simultáneamente un IVA repercutido y un IVA soportado (el lector comprobará que este IVA aparecerá por partida doble en el Modelo 303).

  Así, volviendo a las casillas del Modelo 303, se indicará en la casilla 19 la base imponible de tal adquisición intracomunitaria.

- **Casilla 20**: se anotará directamente el resultado de aplicar el porcentaje de IVA asociado a la adquisición intracomunitaria sobre la base imponible indicada anteriormente.

- **Casilla 21**: será el total de todas las cuotas devengadas anotadas en las casillas anteriores, es decir, se trata simplemente de realizar la suma de cuotas.

2.1.1.3 IVA DEDUCIBLE

En este tercer grupo de casillas se irán anotando tanto las bases imponibles, como las cuotas soportadas por compras interiores, importaciones, adquisiciones intracomunitarias y otros conceptos que se irán detallando a lo largo del epígrafe. Este grupo de cuotas será las que finalmente queden compensadas con las anteriormente devengadas para llegar al cálculo final a pagar o devolver.

I.V.A. Deducible	Base imponible	Cuota
Por cuotas soportadas en operaciones interiores corrientes.	[22]	[23]
Por cuotas soportadas en operaciones interiores con bienes de inversión.	[24]	[25]
Por cuotas devengadas en las importaciones de bienes corrientes.	[26]	[27]
Por cuotas devengadas en las importaciones de bienes de inversión.	[28]	[29]
En adquisiciones intracomunitarias de bienes de corrientes.	[30]	[31]
En adquisiciones intracomunitarias de bienes de inversión.	[32]	[33]
Compensaciones Régimen Especial A.G. y P.		[34]
Regularización inversiones.		[35]
Regularización por aplicación del porcentaje definitivo de prorrata (sólo 4T o mes 12).		[36]
Total a deducir (23+25+27+29+31+33+34+35+36)		[37]

Las casillas que componen este apartado son las siguientes:

- **Casilla 22**: se trata de la base imponible totalizada (para el trimestre) relativa a las compras **interiores** realizadas y a las prestaciones de servicios solicitados. Para poder aplicar un IVA deducible a estas compras, los bienes o servicios deberán utilizarse de forma directa en la actividad que el autónomo desempeñe, es decir, no podrán ser utilizados para fines particulares.

- **Casilla 23**: total del IVA soportado en las compras interiores y en las prestaciones de servicios indicadas en la casilla 22. En este caso no se desglosarán los diferentes tipos de IVA, sino que se indicará el total final calculado a lo largo del trimestre.

- **Casilla 24**: base imponible trimestral de todos los bienes o servicios adquiridos dentro del territorio nacional y considerados inversión para el empresario. En este sentido se tendrá que probar la afectación del bien adquirido en la actividad de la empresa, de forma total o de forma parcial. En caso de presentarse una inversión que tenga una afectación parcial, por ejemplo un vehículo adquirido para la empresa y para el propio autónomo en particular, será necesario establecer un porcentaje de afectación a la actividad. En este último caso se podría establecer, por ejemplo, un 50% de deducción dado que dicho vehículo afecta a la actividad de forma parcial.

- **Casilla 25**: importe total calculado de IVA soportado deducible en las adquisiciones denominadas inversión.

- **Casilla 26**: en esta casilla se recogerá la base imponible correspondiente a las importaciones (adquisiciones a países extracomunitarios) de bienes o servicios.

  El IVA en las importaciones se devengará en la aduana de destino, en nuestro caso, a la llegada de las mercancías y posterior paso aduanero. De este modo, el devengo del IVA se producirá de forma simultánea en el momento en el que se admita en aduana la entrada de las mercancías por parte de la Administración Tributaria correspondiente.

- **Casilla 27**: total del IVA devengado en las importaciones anotadas a lo largo del trimestre y tramitadas por la Agencia Tributaria en aduana.

- **Casilla 28**: base imponible de todas las importaciones de bienes considerados una inversión para el empresario (ver casilla 26).

- **Casilla 29**: total del IVA calculado de las citadas importaciones de bienes de inversión.

- **Casilla 30**: en el epígrafe anterior dedicado al IVA devengado se explicó con detalle el concepto y características de las adquisiciones intracomunitarias. En este caso se registrarán nuevamente pero para probar su deducibilidad y anular, por tanto, el devengo cargado en el apartado anterior. Así, en esta casilla se incluirá la base imponible anotada previamente en la casilla 19.

- **Casilla 31**: cuota de IVA deducible en adquisiciones intracomunitarias de bienes. Coincidirá, en la mayoría de los casos, con la cantidad anotada en la casilla 20.

- **Casilla 32**: en caso de haberse realizado adquisiciones intracomunitarias de bienes de inversión se deberán indicar en esta casilla y no en la casilla anterior. Se trata de la base imponible correspondiente.

- **Casilla 33**: cuota de IVA deducible por las adquisiciones intracomunitarias de bienes considerados inversión para el empresario.

- **Casilla 34**: esta casilla solamente se deberá completar en caso de que el titular de la actividad estuviera acogido al Régimen de agricultura, ganadería y pesca.

  A efectos de IVA, en este Régimen, en términos generales, no existe la obligación de repercutir ni de ingresar el IVA por las ventas, ni se deduce el IVA de las compras. Así, los autónomos reciben una compensación que oscila entre el 8,5% y el 10%, dependiendo de si se trata de productos agrarios o ganaderos, aplicable sobre el precio de venta de los productos obtenidos.

Esa cantidad resultante es la que se debe incorporar en la casilla 34 una vez obtenida.

- **Casilla 35**: esta casilla será exclusiva para aquellos titulares de actividades con derecho y sin derecho a deducción de forma simultánea. Este tema se tratará a fondo en el epígrafe "Regularización de inversiones".

- **Casilla 36**: esta casilla será exclusiva para aquellos titulares de actividades con derecho y sin derecho a deducción de forma simultánea. Este tema se tratará a fondo en el epígrafe "La regla de la prorrata".

NOTA: dada la extensión de estos últimos conceptos se ha preferido abrir un epígrafe exclusivo para cada uno de los temas de forma que el lector comprenda, por un lado, la cantidad a anotar en las citadas casillas y, por otro lado, los motivos de tales cálculos.

- **Casilla 37**: se calculará el total a deducir sumando todas las cuotas de IVA deducible anotadas dentro del grupo.

2.1.1.4 RESULTADO DE LA LIQUIDACIÓN

Una vez definidos los conceptos a deducir y devengar del trimestre en cuestión, llegamos a la parte definitiva o pie del modelo. Será el momento de averiguar si el resultado de la liquidación es positivo o negativo, esto es, a pagar o a devolver por la Agencia Tributaria.

Las casillas que componen este apartado son las siguientes:

- **Casilla 38**: en esta casilla se anotará el resultado preliminar obtenido de restar el total devengado y el total a deducir, es decir, las casillas 21 menos la 37. Aquí ya podremos hacernos una idea inicial del resultado de la liquidación, aunque no se trata del resultado definitivo.

- **Casilla 39**: se trata del porcentaje del impuesto que le corresponde directamente al Estado. Todas las Comunidades Autónomas, salvo las denominadas Comunidades Forales, tributarán un 100% al Estado. En esta casilla se anotará este porcentaje que determinará la cuantía del impuesto recaudada directamente por la Administración del Estado.

Diferencia (21-37)		[38]
Atribuible a la Administración del Estado.	[39]	[40]
Cuotas a compensar de periodos anteriores.		[41]
Entregas intracomunitarias.	[42]	
Exportaciones y operaciones asimiladas.	[43]	
Operaciones no sujetas o con inversión del sujeto pasivo que originan el derecho a deducción.	[44]	
Exclusivamente para sujetos pasivos que tributan conjuntamente a la Administración del Estado y a las Diputaciones Forales.		
Resultado de la regularización anual.	[45]	
Resultado (40-41+45)		[46]
A deducir (exclusivamente en caso de autoliquidación complementaria): Resultado de la anterior o anteriores declaraciones del mismo concepto, ejercicio y periodo.		[47]
* **Resultado de la autoliquidación (46-47)**		[48]

- **Casilla 40**: solamente se deberá completar esta casilla en caso de resultar la liquidación positiva. Siendo así, se calculará el porcentaje designado en la casilla 39, sobre la cantidad positiva obtenida en la casilla 38.

- **Casilla 41**: si en anteriores liquidaciones trimestrales la cantidad resultante ha sido negativa o a devolver, esas cantidades quedan compensadas para posteriores liquidaciones de forma que, o bien se incrementa la cantidad a devolver, o bien se compensa la cantidad positiva a pagar. En esta casilla se anotarán, por tanto, estas cantidades acumuladas en trimestres anteriores.

- **Casilla 42**: en esta casilla se incluirá la base imponible correspondiente a las entregas de bienes a otros Estados miembros de la Comunidad Europea. Esta casilla no influirá en el resultado de la liquidación, es decir, se trata de una casilla meramente informativa.

- **Casilla 43**: las exportaciones se encuentran exentas de IVA dentro del territorio nacional; en este sentido se anotará en esta casilla la base imponible correspondiente a las mismas para informar a la Agencia Tributaria de las operaciones realizadas con países extracomunitarios en materia de exportación. También se incluirá, como operación exenta, la base imponible de las operaciones realizadas en régimen especial de las agencias de viajes que resulten exentas.

- **Casilla 44**: se anotará el importe correspondiente a otras operaciones exentas del impuesto como, por ejemplo, las operaciones de transporte intracomunitario de bienes no sujetas, las entregas de oro siempre que cumplan la normativa de exención correspondiente y cualquier otra entrega de bienes o prestación de servicios no sujeta a las reglas del IVA.

- **Casilla 45**: esta casilla solamente se completará en la última liquidación del año, es decir, en el cuarto trimestre. En ese trimestre se anotará el resultado de la regularización anual (en positivo o negativo) conforme las Leyes existentes entre el Estado y las Comunidades Forales.

- **Casilla 46**: casilla que muestra el resultado preliminar una vez aplicadas las compensaciones correspondientes y la regularización, cuando proceda, calculada en la casilla 45.

- **Casilla 47**: casilla exclusiva para las declaraciones complementarias. Solamente se indicará el importe correspondiente a la última declaración presentada de forma complementaria, cuando ésta última haya resultado a ingresar o se haya percibido una devolución.

- **Casilla 48**: resultado final de la liquidación. Se restará el importe de la casilla 46 menos la cantidad indicada, si correspondiese, en la casilla 47.

Una vez completadas todas las casillas necesarias del modelo, el cierre del mismo se compone de dos apartados finales:

- **Declaración complementaria**: este apartado se rellenará exclusivamente cuando la declaración que se esté presentando sea una liquidación complementaria de otra autoliquidación anterior. En casi afirmativo se activará la casilla de verificación disponible para posteriormente indicar el número de justificante de la declaración a la que complementa, es decir, la declaración anterior.

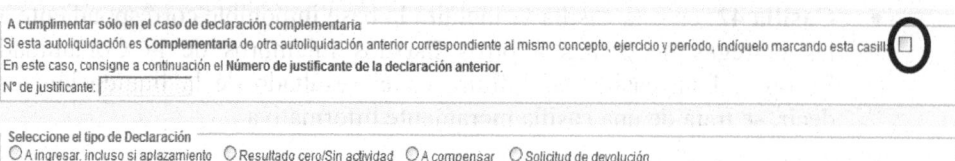

- **Tipo de declaración**: en este caso, y para finalizar, deberá seleccionar el botón de opción que se corresponda con el tipo de declaración que desea presentar.

- **A ingresar**: esto es, a pagar.

- **Resultado cero/Sin actividad**: en caso de haber tenido un trimestre en blanco, sin actividad alguna.

- **A compensar**: si el resultado es negativo o a devolver puede guardar este importe para compensarse en posteriores liquidaciones.

- **Solicitud de devolución**: para solicitar a la Agencia Tributaria la devolución de la cantidad negativa obtenida.

2.1.1.5 EJEMPLO PRÁCTICO

Antes de continuar explicando conceptos, incluiremos en este punto un ejemplo práctico donde podrá visualizar gráficamente la forma de completar el Modelo 303 y aplicar los conocimientos aprendidos hasta el momento.

Germán Alfonso Mellado Acordes con NIF 01.111.111-P, trabaja de forma autónoma en su pequeño taller de reparación de equipos eléctricos (EPÍGRAFE 3314) en Madrid. A la hora de realizar el alta de la actividad ha renunciado a la estimación objetiva o módulos y decide liquidar trimestralmente sus impuestos mediante la estimación directa simplificada. Germán Alfonso **no** se encuentra registrado como minorista en el mercado.

La información que presenta al finalizar el segundo trimestre del año para completar su liquidación de IVA es la siguiente:

- Compras de mercancías realizadas al 18% y al 4% de IVA en Barcelona. Las bases imponibles totales ascienden respectivamente a 1.679,56 € y a 356,77 €.

- Las facturas emitidas por el autónomo a lo largo del trimestre totalizan los 6.988 € al 18% de IVA todas ellas.

- En enero ha realizado una compra en Canadá de mercancías para su actividad. Estas mercancías ascienden a 190 $.

- En abril realiza una compra de un inmovilizado afecto a la actividad en Francia por 3.600 €. Esta compra se fiscalizará al 18% de IVA español.

- En el primer trimestre del año la liquidación de IVA resultó a devolver, compensando 98 €.

Solución:

En primer lugar debemos abrir la página web de la Agencia Tributaria para poder completar el formulario correspondiente al Modelo 303 de liquidación trimestral de IVA en régimen de estimación directa simplificada. Una vez localizado el formulario se rellenarán las siguientes casillas:

- **Datos identificativos**: indicaremos el NIF del empresario, ejercicio y período de liquidación y su nombre o Razón Social.

Por favor, cumplimente los datos siguientes		
* NIF [?]		* Apellidos o Razón social - Nombre:
01111111P		MELLADO ACORDES - GERMAN ALFONS
* Período [?]		* Ejercicio de devengo
2T - segundo trimestre ▼		2012

- **IVA Devengado**: en este apartado debemos completar aquellas casillas relativas a las ventas de mercancías o servicios prestados por el autónomo, así como las adquisiciones intracomunitarias si las hubiera:

  - **Casilla 01**: importe correspondiente a la base imponible de los servicios prestados al 18%, en nuestro caso 6.988 €.

  - **Casilla 02**: porcentaje correspondiente a la base imponible indicada anteriormente, es decir, el 18%.

  - **Casilla 03**: resultado de aplicar la base imponible sobre el 18% de IVA$\rightarrow$ 6.988 × 18% = 1.257,84 €.

  - **Casilla 19**: indicaremos la base imponible de las adquisiciones intracomunitarias realizadas.

  - **Casilla 20**: resultado de aplicar el 18% de IVA correspondiente a la adquisición intracomunitaria sobre su base imponible.

  - **Casilla 21**: suma de las cuotas devengadas anotadas en las casillas 03 y 20.

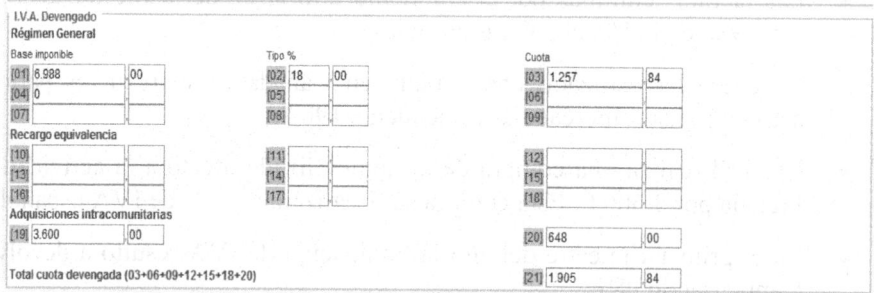

- **IVA Deducible**: en este apartado debemos completar aquellas casillas relativas a las compras e importaciones de mercancías o inversiones en inmovilizados realizadas a lo largo del trimestre:

  - **Casilla 22**: importe correspondiente a la base imponible de las compras de mercancías realizadas, en nuestro caso 1.679,56 al 18% y 356,77 al 4%.

  - **Casilla 23**: cuota de IVA correspondiente a las dos compras señaladas en la casilla anterior $\rightarrow$ 1.679,56 × 18% por un lado y 356,77 × 4% por otro.

- **Casilla 32**: base imponible de la adquisición intracomunitaria por la compra del inmovilizado a lo largo del trimestre.

- **Casilla 33**: cuota de IVA de la correspondiente adquisición intracomunitaria.

- **Casilla 37**: total de cuotas deducibles anotadas, es decir, suma de las casillas 23 y 33.

OJO: el dato correspondiente a la importación que aparece en el enunciado NO se reflejará en esta liquidación, puesto que se realiza en una fecha ya liquidada en el trimestre anterior. Es importante prestar mucha atención a las fechas de cada una de las facturas a liquidar para evitar errores en su inclusión.

I.V.A. Deducible

	Base imponible		Cuota	
Por cuotas soportadas en operaciones interiores corrientes.	[22] 2.036	,33	[23] 316	,59
Por cuotas soportadas en operaciones interiores con bienes de inversión.	[24] 0	,	[25]	
Por cuotas devengadas en las importaciones de bienes corrientes.	[26]	,	[27]	
Por cuotas devengadas en las importaciones de bienes de inversión.	[28]	,	[29]	
En adquisiciones intracomunitarias de bienes de corrientes.	[30]	,	[31]	
En adquisiciones intracomunitarias de bienes de inversión.	[32] 3.600	,00	[33] 648	,00
Compensaciones Régimen Especial A.G. y P.			[34] 0	,
Regularización inversiones.			[35]	,
Regularización por aplicación del porcentaje definitivo de prorrata (sólo 4T o mes 12).			[36]	,
Total a deducir (23+25+27+29+31+33+34+35+36)			[37] 964	,59

- **Casilla 38**: diferencia entre las casillas 21 y 37 → 1.905,84 – 964,59 = 941,25 €.

- **Casilla 39**: indicaremos el 100% correspondiente al Estado para la Comunidad de Madrid.

- **Casilla 40**: resultado de aplicar el 100% sobre el resultado anteriormente indicado en la casilla 38 → 941,25 × 100%.

- **Casilla 41**: revisaremos la liquidación del trimestre anterior para comprobar si existían cantidades compensadas; en el enunciado se indica que existían 98 € compensados del primer trimestre que anotaremos en esta casilla.

- **Casilla 46**: resultado preliminar obtenido de la resta entre las casillas 40 y 41 (dado que en nuestro ejemplo la casilla 45 no participa) → 941,25 € – 98 € = 843,25 €.

- **Casilla 48**: resultado final de la liquidación.

Diferencia (21-37)	[38] 941	,25
Atribuible a la Administración del Estado. [39] 100 ,00	[40] 941	,25
Cuotas a compensar de periodos anteriores.	[41] 98	,00
Entregas intracomunitarias.	[42] 0	,
Exportaciones y operaciones asimiladas.	[43]	,
Operaciones no sujetas o con inversión del sujeto pasivo que originan el derecho a deducción.	[44]	,
Exclusivamente para sujetos pasivos que tributan conjuntamente a la Administración del Estado y a las Diputaciones Forales. Resultado de la regularización anual. [45]		
Resultado (40-41+45)	[46] 843	,25
A deducir (exclusivamente en caso de autoliquidación complementaria): Resultado de la anterior o anteriores declaraciones del mismo concepto, ejercicio y periodo.	[47] 0	,
* Resultado de la autoliquidación (46-47)	[48] 843	,25

- Al tratarse de una liquidación positiva, o a pagar, se deberá indicar en el botón de opción correspondiente junto con la forma de pago elegida para tal fin.

- Pulsar el botón **Validar y generar PDF** para terminar la liquidación.

A cumplimentar sólo en el caso de declaración complementaria
Si esta autoliquidación es **Complementaria** de otra autoliquidación anterior correspondiente al mismo concepto, ejercicio y periodo, indíquelo marcando esta casilla. ☐
En este caso, consigne a continuación el **Número de justificante de la declaración anterior**.
Nº de justificante: [　　　　]

Seleccione el tipo de Declaración
⦿ A ingresar, incluso si aplazamiento ○ Resultado cero/Sin actividad ○ A compensar ○ Solicitud de devolución

Ingreso
Importe a ingresar: 843 ,25
La cuenta es optativa, y no se cumplimenta si se solicita aplazamiento o se desea efectuar el pago en metálico
Entidad: 0000 Sucursal: 0000 DC: 00 Nº de Cuenta: 0000000000

2.1.1.6 REGLA DE LA PRORRATA

Cuando el empresario autónomo realiza una sola actividad y ésta se encuentra sujeta a IVA en su conjunto deberá realizar la liquidación de IVA tal y como acabamos de explicar, sin embargo, cuando el profesional adquiere bienes o presta servicios en diferentes actividades con derecho y sin derecho a deducción de forma simultánea es cuando se debe aplicar la denominada regla de la prorrata.

Esto es lo que sucede cuando, por ejemplo, un empresario se dedica de forma simultáneamente a la venta de productos informáticos y a la enseñanza de estas materias puesto que, por un lado, una actividad se encuentra sujeta a IVA (la venta de productos) y, por el otro lado, la enseñanza informática se encuentra exenta.

La regla de la prorrata, por tanto, intenta establecer una proporción en la deducción de todas las adquisiciones realizadas por el empresario en sus actividades, de modo que no podrá deducirse el 100% de las mismas, sino la proporción que establezca dicha regla.

La prorrata podrá ser general o especial, seguidamente se clarifican ambas y se detallan los cálculos que incluirá cada una de ellas.

2.1.1.6.1   Prorrata general

Esta es la regla que se debe aplicar cuando el profesional se dedica a actividades sujetas a IVA y no sujetas simultáneamente y siempre que no sea de aplicación la prorrata especial.

Cuando se dé este caso, el sujeto deberá tener en cuenta que el IVA deducible en sus compras interiores e importaciones quedará proporcionado al porcentaje (**redondeado al alza**) que resulte de la siguiente fórmula:

$$\% \text{ prorrata a deducir} = \left[\frac{\text{Suma base imponible de las operaciones con derecho a deducción}}{\text{Total base imponible con y sin derecho a deducción}} \right] \times 100$$

Es importante tener en cuenta una serie de excepciones en cuanto a las cantidades a incluir en esta fórmula. No se incluirán ni en el numerador ni en el denominador:

- Las entregas de los bienes de inversión.

- Las operaciones que no constituyan actividad empresarial o profesional habitual del autónomo.

- Las exportaciones de bienes o inmovilizados.

- Las subvenciones que no formen parte de la base imponible.

El proceso a seguir en el cálculo del IVA deducible será el siguiente:

1. En el cuarto trimestre de cada año se calcula el porcentaje de prorrata correspondiente en función a todas las bases imponibles obtenidas a lo largo del ejercicio económico.

NOTA: el profesional puede solicitar un porcentaje provisional diferente al obtenido siempre que se prevea que las circunstancias pueden alterarlo de forma significativa, por ejemplo, el primer ejercicio de la actividad donde todavía los resultados obtenidos no son muy objetivos. Esta solicitud se realizará conforme las estimaciones de la Agencia Tributaria y se entenderá concedida una vez transcurrido un mes desde la entrada en registro de la documentación requerida.

2. El porcentaje obtenido a través de la fórmula correspondiente se aplicará a todas las cuotas soportadas durante el año natural, es decir, el cuarto trimestre del cálculo y los tres trimestres siguientes. Es importante destacar que en los tres trimestres del siguiente año se estará aplicando el porcentaje calculado en base al año anterior.

3. A la llegada del cuarto trimestre del siguiente año se producirá el cálculo nuevamente de la prorrata con los datos reales del año en curso. Es en este momento en el que se producirá una regularización de dicho porcentaje de prorrata.

4. Dado que en los trimestres anteriores se ha aplicado un porcentaje con datos obsoletos ahora es el momento de comprobar las diferencias entre el porcentaje que realmente se debía haber aplicado y el que se aplicó por estimación. A este proceso es al que se denomina Regularización del porcentaje de prorrata.

5. Incluir en el Modelo 303 el resultado de los cálculos tanto en las casillas correspondientes al IVA deducible como en la casilla 36 (en el cuarto trimestre).

6. A continuación, se presentará un ejemplo completo de cálculo de prorrata y los pasos explicados con respecto al comportamiento del IVA deducible:

7. Supongamos la empresa que anteriormente mencionábamos dedicada por un lado a la venta de productos informáticos y, por otro, a la enseñanza de materias informáticas.

8. A lo largo del año 2011 los ingresos de cada actividad registraron para la actividad de venta de productos informáticos 10.000 € y para la actividad de enseñanzas informáticas 6.700 €.

9. A lo largo del año 2012 los ingresos obtenidos para la actividad de venta de productos informáticos ascendieron a 21.000 € y para la actividad de enseñanzas informáticas 8.000 €.

10. Las cuotas de IVA soportado en el año 2012 por adquisiciones afectas a ambas actividades ascendieron a: 1.200 € los dos primeros trimestres, 800 € el tercer trimestre y 900 € el cuarto trimestre.

11. Calcularemos en este ejemplo por un lado la prorrata de IVA aplicada tanto en el 2011 como en el 2012 y regularizaremos el porcentaje al finalizar el 2012 en función a las circunstancias presentadas.

Solución:

El empresario está dado de alta en dos actividades o epígrafes, uno de ellos exento de IVA (enseñanza) y otro sujeto a dicho impuesto (venta de productos). Se aplicará, por tanto, la regla de la prorrata general (puesto que no se ha solicitado la especial por parte del autónomo).

1. Calculamos el porcentaje de prorrata en el cuarto trimestre del año 2011 con los datos relativos a dicho año.

> % = [10.000/(10.000 + 6.700)] × 100 = 59,8802% con el redondeo al alza quedaría el 60% de prorrata.

2. El 60% de prorrata se aplicará a lo largo del primer, segundo y tercer trimestre del año 2012. En estos trimestres el autónomo se podrá deducir únicamente un 60% de su IVA soportado:

   Primer y segundo trimestre: 1.200 × 60% = 720 €.

   Tercer trimestre: 800 × 60% = 480 €.

3. En el cuarto trimestre del año 2012 se volverá a calcular la prorrata con los datos reales de dicho año.

> % = [21.000/(21.000 + 8.000)] × 100 = 72,413% con el redondeo al alza quedaría el 73% de prorrata.

4. Este 73% de prorrata se aplicará directamente en el IVA soportado del cuarto trimestre de liquidación y pasará también a los posteriores trimestres (primero, segundo y tercero) del año 2013.

   Cuarto trimestre: 900 × 73% =657 €.

5. Una vez que averiguamos el porcentaje de prorrata definitivo debemos evaluar la regularización que quedará una vez comparada la prorrata definitiva con la provisional que se fue aplicando en los tres primeros trimestres del año 2012:

   – Deducción efectuada en los tres primeros trimestres = **1.200 €** (720 € en los dos primeros trimestres y 480 € en el tercer trimestre).

   – Deducción correcta con la prorrata definitiva = **1.460 €**.

> 1.200 × 73% = 876 €
>
> 800 × 73% = 584 €

- Diferencia deducción = **260 €** que faltan por deducirse puesto que el autónomo al no conocer el porcentaje de prorrata definitivo, aplicó uno provisional que, en vista de los resultados, le permitía una deducción menor a la real.

Esta cantidad será la que se anote, en la liquidación del cuarto trimestre, en la casilla 36 del Modelo 303; se registrará en positivo si se trata de una cantidad a sumar a las deducciones y en negativo si se trata de restar a las deducciones anteriores.

2.1.1.6.2   Prorrata especial

En este caso se aplicará esta prorrata cuando los sujetos opten por ella, es decir, cuando lo soliciten expresamente a lo largo del mes de diciembre del año anterior al que deba surtir efecto.

En este sentido, la prorrata especial permite al autónomo deducirse íntegramente las cuotas soportadas en las compras e importaciones de bienes que se hayan utilizado exclusivamente en la actividad que da derecho a deducir este IVA. En el caso del IVA soportado en las operaciones de compra realizadas dentro de la actividad que no da derecho a deducción, quedará anulado y no tendrá derecho a ser deducido por el empresario.

Esta prorrata se aplicará en aquellos casos en los que queden perfectamente diferenciadas las adquisiciones en una y otra actividad, puesto que cuando los bienes adquiridos se utilicen indistintamente por ambas actividades se aplicará la prorrata general.

Plantearemos igualmente un ejemplo que aclare y clarifique la forma de actuación tanto con el porcentaje de prorrata como con el IVA deducible:

Supongamos la misma empresa con la que trabajamos la prorrata general y que por un lado se dedicaba a la venta de productos informáticos y, por otro, a la enseñanza de materias informáticas.

A lo largo del año 2012 los ingresos obtenidos para la actividad de venta de productos informáticos ascendieron a 21.000 € y para la actividad de enseñanzas informáticas 8.000 €.

Las cuotas de IVA soportado en el año 2012 por adquisiciones afectas la actividad de enseñanza ascendió a 900 € a lo largo de los cuatro trimestres del año, y las cuotas de IVA soportado por adquisiciones afectas exclusivamente a la actividad de venta de productos informáticos ascendió a 2.300 €. El IVA Soportado por servicios de uso común a ambas actividades ascendió a 130 €.

1. En cuanto al porcentaje de prorrata seguiremos el mismo procedimiento que para la prorrata general.

> % = [21.000/(21.000 + 8.000)] × 100 = 72,413% con el redondeo al alza quedaría el 73% de prorrata.

2. El IVA deducible en este caso de prorrata especial:

    –   Deducción efectuada en la actividad de enseñanza: **0 €**.

    –   Deducción efectuada en la actividad de venta de productos informáticos: **2.300 €**.

    –   Deducción por los servicios de uso común a ambas actividades: 130 € × 73% prorrata = **94,90 €**.

2.1.1.7 REGULARIZACIÓN DE INVERSIONES

Siempre que un autónomo se encuentre en régimen de prorrata y adquiera bienes de inversión deberá realizar una regularización de las cantidades deducidas en el año de compra durante los cuatro años naturales siguientes a dicha compra o durante nueve años si se trata de bienes inmuebles.

En este sentido y, aunque ya se ha aclarado en epígrafes anteriores, conviene recordar al lector el sentido de una inversión: se trata de aquellos bienes muebles, corporales o inmuebles que por su función estarán destinados a ser utilizados en la empresa por un período superior a un año. No serán bienes de inversión los envases y embalajes, las prendas de trabajo, accesorios, piezas de trabajo y cualquier otro bien cuyo valor de adquisición sea inferior a 3.005,06 €.

La regularización de las cuotas deducidas por la adquisición de bienes de inversión estará condicionada a que confluyan dos factores fundamentales:

- Que los bienes de inversión hayan sido utilizados por la empresa dentro de operaciones que originen derecho a deducción, es decir, que no se hayan utilizado dentro de operaciones exentas al impuesto.

- Que la prorrata definitiva del año de compra y la prorrata del año de regularización en el que nos encontremos difieran en más de 10 puntos.

Los pasos que seguiremos para proceder a la regularización de los bienes de inversión:

1. Partiendo del porcentaje de regularización del año de compra, realizaremos una comparativa con el porcentaje que corresponda el año de regularización.

2. En caso de encontrar una diferencia superior a 10 puntos realizaremos el cálculo de las cuotas respectivas de IVA, es decir, la cuota de IVA que se pudo deducir el año de compra y la cuota de IVA que se puede deducir el año de regularización (ambas con sus respectivos porcentajes de prorrata).

3. Realizaremos la diferencia de ambas cantidades y la dividiremos entre 5 de forma general o entre 10 si se trata de terrenos o edificaciones.

$$\text{Regularización} = \left[\begin{array}{c} \text{Cuota} \\ \text{deducir año} \\ \text{compra} \end{array} - \begin{array}{c} \text{Cuota deducir} \\ \text{año} \\ \text{regularización} \end{array} \right] \Big/ \; 5 \text{ ó } 10$$

Proponemos en este momento un ejemplo numérico para aclarar los conceptos que acabamos de explicar.

Supongamos una empresa que durante el año 2012 adquirió una maquinaria por 39.890 € al 18% de IVA. El porcentaje de prorrata definitivo del año 2011 fue del 62%.

Caso A: supongamos que el porcentaje de prorrata definitiva del año 2012 ha sido del 77%.

En este caso se debería proceder a regularizar, puesto que el porcentaje de prorrata del año de compra y el del año de regularización difieren en más de 10 puntos (62% – 77% = –15%).

- IVA a deducir el año de compra = 39.890 × 18% × 62% = 4.451,72 €.

- IVA a deducir el año de regularización = 39.890 × 18% × 77% = 5.528,75 €.

$$\text{Regularización} = \left[4.451,72 - 5.528,75 \right] \Big/ 5 = -215,41 \text{ €}$$

En este caso el empresario tendrá derecho a una deducción complementaria de 215,41 € que aparecerá reflejada con signo positivo en el Modelo 303, concretamente en la casilla 35.

Caso B: supongamos que el porcentaje de prorrata definitiva del año 2012 ha sido del 42%.

En este caso se debería proceder a regularizar, puesto que el porcentaje de prorrata del año de compra y el del año de regularización difieren en más de 10 puntos (62% – 42% = 20%).

- IVA a deducir el año de compra = 39.890 × 18% × 62% = 4.451,72 €.

- IVA a deducir el año de regularización = 39.890 × 18% × 42% = 3.015,68 €.

$$\text{Regularización} = \left[4.451,72 - 3.015,68 \right] \Big/ 5 = 287,21 \text{ €}$$

En este caso el empresario tendrá que realizar un ingreso complementario de 287,21 € que aparecerá reflejado con **signo negativo** en el Modelo 303, concretamente en la casilla 35.

Caso C: supongamos que el porcentaje de prorrata definitiva del año 2012 ha sido del 67%.

En este caso NO se debería proceder a regularizar, puesto que el porcentaje de prorrata del año de compra y el del año de regularización no difieren en más de 10 puntos (62% – 67% = – 5%).

2.1.1.7.1   Venta de bienes de inversión durante el período de regularización

Pudiera ser que el empresario vendiera el bien adquirido como inversión antes de haber terminado el proceso de regularización del mismo. En estos casos el autónomo tendrá que realizar una regularización por todo el período que quede pendiente de regularizar.

Para realizar este proceso tendrá que tener en cuenta dos reglas fundamentales:

- **Que la venta sea sujeta y no exenta**: este caso será aquel en el que el bien de inversión se haya empleado solamente en operaciones sujetas al impuesto o en operaciones con derecho a deducir en el año de la venta. Para este supuesto la prorrata de los años pendientes de regularizar y del año de la venta será del 100%, ahora bien, la deducción a practicar no podrá superar la cuota de IVA repercutido en la venta del bien.

- **Que la venta sea exenta o no sujeta**: este caso será aquel en el que el bien de inversión se haya empleado solamente en operaciones sin derecho a deducción durante el año de la venta y los restantes hasta la finalización del período de regularización. Para este supuesto el porcentaje de prorrata del año de la venta y de los años pendientes de regularizar será del 0%.

Proponemos en este momento un ejemplo numérico para aclarar los conceptos que acabamos de explicar.

Supongamos una empresa que durante el año 2012 adquirió un elemento de transporte por 12.000 € al 18% de IVA. En el año 2013 se vende por 8.000 € al 18% de IVA. El porcentaje de prorrata definitivo del año 2012 fue del 42%.

Caso A: supongamos que la venta está sujeta y no exenta.

- IVA repercutido en la venta = $8.000 \times 18\% = 1.440$ €.

Regularización:

- IVA a deducir el año 2012 = $12.000 \times 18\% \times 42\% = 907,20$ €.
- IVA a deducir el año 2013 = $12.000 \times 18\% \times 100\% = 2.160$ €.

$$\text{Regularización} = \left[\; 907,20 \; - \; 2.160 \;\right] \Big/ 5 = -250,56 \times 4 = 1.002,24 \; €$$

En este caso el empresario tendrá derecho a una deducción complementaria de 1.002,24 € (NO supera el límite establecido correspondiente al IVA repercutido en la venta) que aparecerá reflejada con signo positivo en el Modelo 303, concretamente en la casilla 35.

NOTA: la cuota resultante en la regularización se multiplica por 4 puesto que son los años que faltan por regularizar hasta completar los 5 establecidos, incluyendo en estos cuatro años el año de venta.

Caso B: supongamos que la venta está exenta.

Regularización:

- IVA a deducir el año 2012 = 12.000 × 18% × 42% = 907,20 €.
- IVA a deducir el año 2013 = 12.000 × 18% × 0% = 0 €.

$$\text{Regularización} = \left[\; 907,20 \; - \; 0 \;\right] \Big/ 5 = 181,44 \times 4 = 725,76 \; €$$

En este caso el empresario tendrá que realizar un ingreso complementario de 725,76 € que aparecerá reflejado con **signo negativo** en el Modelo 303, concretamente en la casilla 35.

2.1.1.8 EJEMPLO PRÁCTICO

Marta Santos Cruz con NIF 02.222.222-P, trabaja de forma autónoma llevando a cabo dos actividades: venta de productos de belleza y enseñanzas regladas diversas ambas en Madrid. A la hora de realizar el alta de la actividad ha renunciado a la estimación objetiva o módulos y decide liquidar trimestralmente sus impuestos mediante la estimación directa simplificada. La empresaria **no** se encuentra registrada como minorista en el mercado.

Las operaciones realizadas a lo largo del año 2011 han sido las siguientes:

- Por venta de productos de belleza: 19.000 €.
- Por enseñanzas regladas diversas: 12.300 €.

La información complementaria que presenta al finalizar el tercer trimestre del año 2012 para completar su liquidación de IVA es la siguiente:

- Las facturas emitidas a lo largo del trimestre totalizan los 5.600 € al 18% de IVA todas ellas y por 3.000 € por enseñanzas regladas.

- Compras de mercancías realizadas al 18% y al 8% de IVA en Valencia y Madrid. Las bases imponibles totales ascienden respectivamente a 2.300,89 € y a 400 €.

- Importaciones realizadas al 18% de IVA nacional ascienden a 2.000 € de base imponible.

- En el segundo trimestre del año la liquidación de IVA resultó a devolver compensando 56 €.

- Las entregas intracomunitarias ascendieron a 1.500 €.

Solución:

1. Al tratarse de una empresa que se dedica simultáneamente a dos actividades debemos aplicar la regla de la prorrata general (al no expresar la autónoma nada en contra).

> % = [19.000/(19.000 + 12.300)] × 100 = 60,7028% con el redondeo al alza quedaría el 61% de prorrata aplicable en todas las compras e importaciones del trimestre que se está liquidando.

2. Completar el formulario facilitado por la Agencia Tributaria desde su página web comenzando por los datos identificativos y del trimestre y ejercicio a liquidar.

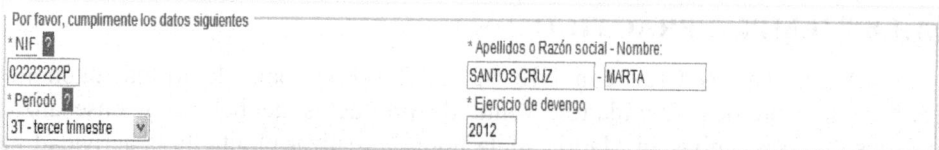

3. IVA Devengado:

- **Casilla 01**: importe correspondiente a la base imponible de las ventas de productos realizadas al 18%, en nuestro caso 5.600 €.

- **Casilla 02**: porcentaje correspondiente a la base imponible indicada anteriormente, es decir, el 18%.

- **Casilla 03**: resultado de aplicar la base imponible sobre el 18% de IVA→ 5.800 × 18% = **1.044 €**.

- **Casilla 21**: suma de cuotas devengadas, en este caso solamente existe una cuota por IVA repercutido al 18% → **1.044 €**.

> **NOTA**: el importe correspondiente a las facturas emitidas por las enseñanzas regladas no participará en este modelo puesto que se trata de una actividad y unas operaciones exentas de IVA. Estas operaciones quedarán liquidadas en otros modelos que no guardan relación con el IVA.

I.V.A. Devengado Régimen General							
Base imponible		Tipo %			Cuota		
[01] 5.600	,00	[02] 18	,00		[03] 1.044	,00	
[04] 0		[05]			[06]		
[07]		[08]			[09]		
Recargo equivalencia							
[10]		[11]			[12]		
[13]		[14]			[15]		
[16]		[17]			[18]		
Adquisiciones intracomunitarias							
[19]					[20]		
Total cuota devengada (03+06+09+12+15+18+20)					[21] 1.044	,00	

4. IVA Deducible:

- **Casilla 22**: importe de las compras nacionales de mercancías en su conjunto, en nuestro caso 2.700,89 € (2.300,89 + 400).

- **Casilla 23**: cuotas de IVA soportado una vez tenido en cuenta el porcentaje de prorrata aplicable: 2.300,89 × 18% × 61% = **252,64 €** por un lado y 400 × 8% × 61% = **19,52 €** → 252,64 + 19,52 = **272,16 €**.

- **Casilla 26**: base imponible de las importaciones de mercancías realizadas → 2.000 €.

- **Casilla 27**: cuota de IVA soportado a deducir una vez aplicada la prorrata aplicable → 2.000 × 18% × 61% = **219,60 €**.

- **Casilla 37**: total de las cuotas a deducir → 272,16 + 219,60 = **491,76 €**.

> **NOTA**: el importe correspondiente a las casillas que permanecen vacías no se menciona para evitar sobrecargar demasiado el ejemplo.

I.V.A. Deducible					
Por cuotas soportadas en operaciones interiores corrientes.	Base imponible			Cuota	
	[22] 2.700	89		[23] 272	16
Por cuotas soportadas en operaciones interiores con bienes de inversión.	[24] 0			[25]	
Por cuotas devengadas en las importaciones de bienes corrientes.	[26] 2.000	00		[27] 219	60
Por cuotas devengadas en las importaciones de bienes de inversión.	[28] 0			[29]	
En adquisiciones intracomunitarias de bienes de corrientes.	[30]			[31]	
En adquisiciones intracomunitarias de bienes de inversión.	[32]			[33]	
Compensaciones Régimen Especial A.G. y P.				[34]	
Regularización inversiones.				[35]	
Regularización por aplicación del porcentaje definitivo de prorrata (sólo 4T o mes 12).				[36]	
Total a deducir (23+25+27+29+31+33+34+35+36)				[37] 491	76

5. Cierre del documento:

–   **Casilla 38**: diferencia entre el IVA devengado y el IVA deducible → 1.044 – 491,76 = **552,24 €**.

–   **Casilla 39**: al tratarse de la Comunidad de Madrid anotaremos el 100% atribuible al Estado.

–   **Casilla 40**: resultado de aplicar el porcentaje anterior sobre la diferencia obtenida en la casilla 38 → 100% × 552,24 = **552,24 €**.

–   **Casilla 41**: las cuotas compensadas en períodos anteriores ascienden a 56 €.

–   **Casilla 42**: base imponible correspondiente a las entregas intracomunitarias realizadas → 1.500 €.

–   **Casilla 46**: diferencia entre el resultado preliminar obtenido en la casilla 40 y lo anotado como compensable en la casilla 41 → **496,24 €**.

–   **Casilla 48**: resultado final de la liquidación. En este caso coincide con el importe anotado en la casilla 46 al no tener declaraciones complementarias que registrar → **496,24 €**.

Diferencia (21-37)	[38]	552	24
Atribuible a la Administración del Estado.	[39] 100 00 [40]	552	24
Cuotas a compensar de periodos anteriores.	[41]	56	00
Entregas intracomunitarias.	[42]	1.500	00
Exportaciones y operaciones asimiladas.	[43]	0	
Operaciones no sujetas o con inversión del sujeto pasivo que originan el derecho a deducción.	[44]	0	

Exclusivamente para sujetos pasivos que tributan conjuntamente a la Administración del Estado y a las Diputaciones Forales.

Resultado de la regularización anual. [45] 0			
Resultado (40-41+45)	[46]	496	24
A deducir (exclusivamente en caso de autoliquidación complementaria): Resultado de la anterior o anteriores declaraciones del mismo concepto, ejercicio y periodo.	[47]	0	
* Resultado de la autoliquidación (46-47)	[48]	496	24

6. Indicar la forma de pago de la cantidad positiva resultante.

Seleccione el tipo de Declaración
⊙ A ingresar, incluso si aplazamiento ○ Resultado cero/Sin actividad ○ A compensar ○ Solicitud de devolución

Ingreso
Importe a ingresar: 496   24
La cuenta es optativa, y no se cumplimenta si se solicita aplazamiento o se desea efectuar el pago en metálico
Entidad: 0000   Sucursal: 0000   DC: 00   Nº de Cuenta: 0000000000

7. Pulsar el botón **Validar y Generar PDF**.

Validar y generar PDF

2.1.2 Modelo 390

La declaración resumen anual de IVA, Modelo 390, es una declaración de carácter meramente informativo y donde quedarán reflejadas todas las operaciones de IVA llevadas a cabo a lo largo del año.

Una de las especificaciones importantes a la hora de presentar este modelo es la certificación telemática que la Agencia Tributaria exige, es decir, el autónomo completará el modelo a través del Programa Padre que facilita la propia Agencia y deberá obtener un fichero. Éste será el que deberá transmitir de forma telemática a Hacienda.

En este sentido, también se deberá disponer, por tanto, de un certificado electrónico expedido por alguna autoridad de certificación reconocida por la Agencia Tributaria.

Dada la extensión en el contenido de este modelo, realizaremos un resumen breve de sus apartados para que, al menos, el lector tenga clara cada una de sus partes y pueda facilitarse su cumplimentación. En el borrador que se muestra a continuación se indica la numeración. Comprobará que cada apartado recibe un dígito de orden. Serán esos dígitos los que se utilicen para las explicaciones correspondientes a cada apartado:

1. **Sujeto pasivo**: se trata de los datos identificativos del autónomo. También podrá indicar en este apartado si se encuentra dentro del Régimen de devolución mensual.

2. **Devengo**: año de la liquidación y tipo de la misma (sustitutiva) si fuera necesario.

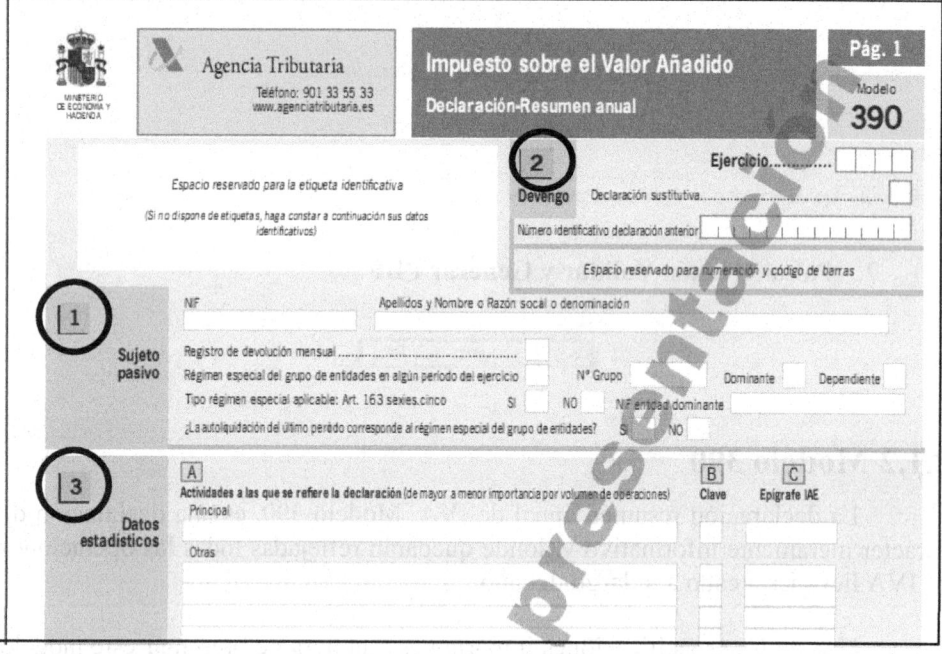

3. **Datos estadísticos**: resumen de las actividades realizadas por el autónomo. Se indicará el epígrafe de la actividad y la clave correspondiente dependiendo del tipo de actividad (empresarial, profesional, agropecuaria o arrendadora).

4. **Datos del representante y firma de la declaración**: en caso de tratarse de comunidades de bienes o de actuar por medio de un representante legal se deberán anotar en este apartado sus datos identificativos.

5. **Operaciones realizadas en régimen general**: en este apartado se irán anotando todas las operaciones de IVA devengado y deducible. Por la parte del IVA devengado se irán anotando las bases imponibles y cuotas que corresponda a las operaciones realizadas y, para el IVA deducible se seguirá la misma operativa. Comprobará que para este último caso se separan las compras de bienes y servicios de los bienes de inversión en todas sus modalidades.

6. **Operaciones realizadas en régimen simplificado**: del mismo modo que para las actividades acogidas al régimen general, se deberán anotar las operaciones registradas para el régimen simplificado. Se indicará el epígrafe de la actividad correspondiente, las unidades del módulo empleadas (si alguna unidad del módulo no se utilizara se consignará con un 0), las cuotas de IVA soportado, índices correctores y porcentaje de cuota mínima de la actividad. Siguiendo el esquema de las liquidaciones se totalizarán las cuotas devengadas y deducibles para obtener un resultado preliminar.

7. **Resultado de la liquidación anual**: este apartado se deberá rellenar únicamente en caso de tratarse de una liquidación dentro del territorio común y se sumarán los totales obtenidos en régimen general y en régimen simplificado.

8. **Tributación por razón del territorio**: exclusivo para los sujetos que deban tributar de forma conjunta en territorio nacional y en alguna de las Diputaciones Forales del País Vasco o Navarra. Se indicarán los porcentajes de aplicación y se totalizarán las cuotas devengadas y deducibles.

9. **Resultado de las liquidaciones**: se realizará el cálculo de las liquidaciones periódicas con resultado positivo a lo largo del ejercicio económico.

10. **Volumen de operaciones**: en este espacio se deberán clasificar todas las operaciones sujetas a IVA que se hayan realizado organizándolas por tipo de régimen.

11. **Operaciones específicas**: dentro de este grupo de operaciones se incluyen las adquisiciones interiores exentas, las adquisiciones intracomunitarias exentas, las importaciones exentas, bases imponibles con IVA soportado no deducible y otras operaciones que, a pesar de haber sido incluidas en los apartados anteriores, merecen una atención especial por su naturaleza.

12. **Prorratas**: apartado de cumplimentación exclusiva para aquellos sujetos que deban aplicar la regla de la prorrata en sus operaciones con derecho a deducción. Se indicará el volumen de las operaciones con derecho a deducción, el tipo de prorrata y el porcentaje correspondiente, como datos más importantes.

13. **Actividades con regímenes de deducción diferenciados**: para estos casos concretos se deberá indicar el desglose de IVA deducible para cada uno de los sectores.

Una vez claros todos los puntos que componen la liquidación quedará proceder a la presentación de la declaración a través de la página web de la Agencia Tributaria. A través del certificado electrónico del usuario se podrá incorporar el fichero generado por al Programa Padre. Una vez realizado el envío recibirá en pantalla una confirmación de la presentación con un código de verificación que deberá imprimir y archivar junto con el resto de su documentación.

En caso de que la declaración fuera rechazada se mostrará en su pantalla un listado con los errores encontrados para que los subsane y repita el proceso de envío.

2.2 ESTIMACIÓN OBJETIVA. MÓDULOS

El Régimen de estimación por módulos se basa fundamentalmente en calcular una cuota o pago preestablecido e independiente a la situación real de ingresos y gastos del negocio. En definitiva, es un régimen que puede ser beneficioso para aquellas empresas que presenten beneficios puesto que no dependerá de ellos su tributación, sino de otros factores que analizaremos posteriormente.

Para poder tributar en este régimen deben confluir los siguientes aspectos:

- No renunciar expresamente a dicho Régimen.

- Que la actividad del autónomo se encuentre recogida dentro del listado de actividades en la Orden Ministerial que regula los módulos.

- Que el volumen de ingresos de la actividad no supere los 450.000 € anuales o los 300.000 € para actividades agrícolas o ganaderas.

- Que el volumen de compras, sin incluir las inversiones, no supere los 300.000 €.

- Que el autónomo no realice otras actividades acogidas al Régimen de estimación directa.

Una vez que el autónomo decide acogerse al régimen de estimación objetiva o módulos deberá buscar en el Boletín Oficial del año en curso el listado de módulos que el Ministerio cada año publica. En este listado se muestra un cuadro para cada actividad con los módulos o cuotas por las que deberá tributar. En la siguiente imagen se presenta una muestra para tres actividades ejemplo:

Actividad: Cafeterías. Epígrafe I.A.E.: 672.1, 2 y 3			
Módulo	Definición	Unidad	Cuota devengada anual por unidad Euros
1	Personal empleado	Persona	1.884,86
2	Potencia eléctrica	Kw. Contratado	99,20
3	Mesas	Mesa	56,69
4	Máquinas tipo "A"	Máquina tipo "A"	177,14
5	Máquinas tipo "B"	Máquina tipo "B"	666,08
6	Importe total de las comisiones por loterías	Euro	0,18

Cuota mínima por operaciones corrientes: 13% de la cuota devengada por operaciones corrientes.

NOTA: La cuota resultante de la aplicación de los signos o módulos anteriores incluye, en su caso, la derivada de máquinas de recreo tales como billar, futbolín, dardos, etc..., así como de los expositores de cintas, vídeos, compact-disc, expendedores de bolas, etc..., máquinas de juegos infantiles, máquinas reproductoras de compact-disc y vídeos musicales, loterías y el servicio de uso de teléfono, siempre que se realicen con carácter accesorio a la actividad principal.

Actividad: Comercio al por menor de materiales de construcción, artículos y mobiliario de saneamiento, puertas, ventanas, persianas, etc. Epígrafe I.A.E.: 653.4 y 5			
Módulo	Definición	Unidad	Cuota devengada anual por unidad Euros
1	Personal empleado	Persona	10.558,04
2	Consumo de energía eléctrica	100 Kwh	205,49
3	Superficie del local	Metro cuadrado	7,80

Cuota mínima por operaciones corrientes: 13% de la cuota devengada por operaciones corrientes.

Actividad: Comercio al por menor de accesorios y piezas de recambio para vehículos terrestres. Epígrafe I.A.E. 654.2			
Módulo	Definición	Unidad	Cuota devengada anual por unidad Euros
1	Personal empleado	Persona	13.335,73
2	Consumo de energía eléctrica	100 Kwh	233,83
3	Potencia fiscal vehículo	CVF	531,45

Cuota mínima por operaciones corrientes: 13% de la cuota devengada por operaciones corrientes.

Tabla 2.1. Tablas CNAE para módulos

Los modelos que el autónomo deberá presentar dentro del Régimen de estimación por módulos serán:

- **Modelo 310**: modelo trimestral de liquidación por módulos. Este modelo se presentará los tres primeros trimestres en las mismas fechas que en la estimación directa, es decir, los veinte primeros días siguientes a la finalización del trimestre.

  - Primer trimestre - Entre el 1 y el 20 de abril.

  - Segundo trimestre - Entre el 1 y el 20 de julio.

  - Tercer trimestre - Entre el 1 y el 20 de octubre.

- **Modelo 311**: modelo para el último trimestre del año en estimación objetiva o módulos. En este caso el modelo será diferente puesto que se realizará una regularización global anual que posteriormente analizaremos. La presentación se realizará entre el 1 y el 30 de enero.

- **Modelo 390**: se trata del modelo que se utilizará para la liquidación anual del IVA. Es una liquidación informativa y sin ningún carácter económico. Los plazos de presentación de este modelo se encuentran entre el 1 de enero y el 30 de enero.

2.2.1 Modelo 310

Si el lector observa detenidamente las casillas del Modelo 303 y las compara con las casillas del Modelo 310 comprobará la gran diferencia que existe entre ambos. En este último las casillas se reducen considerablemente y se resumen en dos grupos:

- **IVA devengado**: calcularemos el ingreso a cuenta correspondiente a la actividad o actividades del autónomo.

- **IVA deducible**: en este sentido el autónomo comprobará que las deducciones por IVA soportado se reducen mucho más que en el caso del Régimen de Estimación Directa. Solamente se tendrán en cuenta las inversiones en inmovilizados realizadas por el empresario.

Desglosaremos, por tanto, el modelo en dos partes bien diferenciadas para desgranar posteriormente el contenido de cada una de sus casillas.

NOTA: dado que todos los modelos comparten casillas comunes con contenido común, para evitar repetir conceptos y que el lector lea continuamente las mismas explicaciones, las instrucciones se centrarán en las casillas nuevas con contenido nuevo. El resto simplemente se remitirá a otros modelos donde sí se hayan realizado las descripciones de las mismas.

MINISTERIO DE ECONOMIA Y HACIENDA

Agencia Tributaria
Teléfono: 901 33 55 33
www.agenciatributaria.es

IMPUESTO SOBRE EL VALOR AÑADIDO
RÉGIMEN SIMPLIFICADO
Declaración ordinaria

Modelo
310

Declarante (1)

Devengo (2)

Ejercicio ___ Período ____

Espacio reservado para la etiqueta identificativa

310654326612 0

Si no dispone de etiquetas, consigne los datos identificativos que se solicitan a continuación.

NIF   Apellidos y Nombre o Razón Social

Liquidación (3)

Actividades en régimen simplificado
(excepto agrícolas, ganaderas y forestales)

Epígrafe IAE (a)   Ingreso a cuenta (b)

Actividades agrícolas, ganaderas y forestales   Descripción de la actividad (a)   Ingreso a cuenta (b)

Suma de ingresos a cuenta del conjunto de actividades ejercida _____ 01

Cuotas devengadas
Adquisiciones intracomunitarias de bienes _____ 02
Entregas de activos fijos _____ 03
IVA devengado por inversión del sujeto pasivo _____ 04
Total cuota resultante (01 + 02 + 03 + 04) _____ 05

IVA Deducible
Adquisición o importación de activos fijos _____ 06

Entregas intracomunitarias
19
Diferencia (05 - 06) _____ 07
Cuotas a compensar de periodos anteriores _____ 08
RESULTADO (07 - 08) _____ 09
A deducir (exclusivamente en caso de declaración complementaria):
Resultado de la anterior o anteriores declaraciones del mismo concepto, ejercicio y periodo _____ 11
Resultado de la liquidación (09 - 11) _____ 12

Compensación (4)

Si la casilla 12 resulta negativa, consigne el importe a compensar

C

Sin actividad (5)

☐ **Sin actividad**

Firma (8)

.... a .... de .... de ....
Firma:

Ingreso (6)

Ingreso efectuado a favor del Tesoro Público. Cuenta restringida de colaboración en la recaudación de la AEAT de declaraciones-liquidaciones o autoliquidaciones

Importe: I

Forma de pago: ☐ En efectivo   ☐ EC adeudo en cuenta
Código Cuenta Cliente (CCC)
Entidad   Sucursal   DC   Núm. de cuenta

Declaración complementaria (7)

Si esta declaración es complementaria de otra declaración anterior correspondiente al mismo concepto, ejercicio y periodo, indíquelo marcando con una "X" esta casilla.

☐ Declaración complementaria

En este caso, consigne a continuación el número de justificante identificativo de la declaración anterior.

N.º de justificante

Este documento no será válido sin la certificación mecánica o, en su defecto, firma autorizada.

Ejemplar para el sujeto pasivo

Ver. 1.1/2010

2.2.1.1 IVA DEVENGADO

El primer conjunto de casillas debemos desglosarlo a su vez en dos apartados importantes. Por un lado encontraremos el Ingreso a cuenta que deberá calcular el empresario para cada una de las actividades recogidas en el Régimen de estimación Objetiva y, por otro lado, otras cuotas devengadas que deberá declarar el autónomo en este momento.

2.2.1.1.1   1ª fase: cálculo del ingreso a cuenta

La primera tarea que el autónomo deberá llevar a cabo es el cálculo del ingreso a cuenta trimestral para cada una de las actividades en estimación objetiva. Para ello debe localizar inicialmente el cuadro correspondiente al epígrafe del IAE en el que se encuentre dado de alta. En caso de contar con varias actividades en estimación objetiva deberá localizar todos los cuadros de módulos que le correspondan en función a citado epígrafe.

Cada uno de los cuadros correspondiente al módulo del autónomo se compone de una serie de conceptos (personal asalariado, potencia fiscal vehículos, mesas, etc.) por los que deberá tributar. Estos conceptos cuentan con una serie de particularidades que se desglosan a continuación y que serán los que permitan al profesional realizar la primera fase del cálculo del ingreso a cuenta:

- **Personal empleado**: en este sentido y a efectos de IVA se considerará personal empleado tanto a los asalariados como a los no asalariados de la empresa, incluyendo al titular de la misma. En caso de encontrarse con un epígrafe en el que se desglosen ambos, asalariados y no asalariados, todos contarán como asalariados a la hora de aplicar la cuota devengada por unidad.

  Se deberán cuantificar las horas realizadas por cada uno de los empleados para prorratearlas con las que fije el convenio colectivo o, en su defecto, las mil ochocientas horas que establece la Agencia Tributaria. En caso de que se realicen más o menos horas de las estimadas se deberá calcular la proporción entre las realizadas y las establecidas.

  El personal menor de 19 años o aquellos con contrato de formación o aprendizaje computarán en un 60%. En caso de personal con contratos de discapacidad y con un grado de minusvalía mayor al 33% computarán en un 40%.

Ejemplo: en una empresa donde la actividad se desempeñe por el titular y un asalariado de 18 años que realizan las 1.800 horas estimadas en el convenio, la cuantía en el personal empleado será de 1,6.

> 1 por el titular + (1*60%) por el asalariado menor de 19 años.

Si el módulo, de forma excepcional, separara los conceptos entre personal asalariado y no asalariado se tendrá en cuenta que:

- **Personal no asalariado**: será el titular de la actividad y su cónyuge e hijos que trabajen con el siempre que no tengan contrato laboral asociado, es decir, cuando actúen también como titulares de la actividad. El personal no asalariado computará, en caso de ser necesaria la prorrata de horas, en base a 1.800 horas/año.

- **Personal asalariado**: cualquier otra persona que trabaje en la actividad con contrato laboral asociado. Los detalles indicados para el personal empleado son de aplicación para el personal asalariado en la misma medida, es decir, los porcentajes de reducción y la prorrata de horas se medirá bajo el mismo prisma que para el personal empleado.

- **Consumo de energía eléctrica**: se trata de la energía facturada por la suministradora eléctrica de la empresa.

- **Potencia eléctrica**: se trata de la contratada con la suministradora eléctrica.

- **Superficie del horno**: en la ficha técnica se indica la superficie en metros del mismo. Estos metros serán los que computen a efectos de su cuota devengada.

- **Mesas**: contará como una mesa aquella susceptible de ser utilizada por cuatro personas. Si las mesas disponen de más o menos plazas se establecerá la proporción con respecto a cuatro ocupantes estándar.

- **Número de habitantes**: residentes del municipio con respecto al padrón de habitantes.

- **Carga del vehículo**: kilogramos o toneladas que exprese la tarjeta de inspección técnica del vehículo afecto.

- **Plazas**: se trata del aforo o capacidad de alojamiento del establecimiento.

- **Asientos**: plazas para los vehículos. Este dato también figura en la tarjeta de inspección técnica del propio automóvil.

- **Máquinas recreativas**: según su propio reglamento éstas se pueden clasificar como de tipo "A" y de tipo "B". Las denominadas de tipo "A" son aquellas que denominadas de recreo y que aportan un pasatiempo sin conceder premios en metálico a cambio. Las denominadas de tipo "B" son aquellas con las que se gana premios en metálico a cambio del precio de la partida.

- **Potencia fiscal del vehículo**: caballos fiscales (CVF) que figuren en la tarjeta de inspección técnica del mismo.

- **Longitud de la barra**: mostrador donde se sirven y se despachan las bebidas o los alimentos de los clientes. También se considerarán barras aquellas auxiliares o secundarias apoyadas en paredes, columnas, etc. Se medirán todas ellas por el lado del público, descontando los metros destinados a camareros y expresando el resultado con dos decimales.

- **Superficie del local**: se entenderá por local aquel en que el empresario ejerce la actividad gravada; la superficie de dicho local se medirá en metros cuadrados.

  Si el módulo distingue entre local independiente y no independiente: local independiente será el que dispone de sala de ventas para la atención al público y local no independiente el que no dispone de citada sala de ventas por encontrarse dentro de otro local, galería, etc.

La superficie del local destinada a almacén se deberá acumular al total de metros del local principal.

Esta primera fase de cálculo consistirá, pues, en aplicar cada uno de los conceptos que fije el módulo en función a lo anteriormente establecido. De este modo se llegará a la obtención de la denominada Cuota Devengada por operaciones corrientes, resultado de sumar cada una de las cuotas obtenidas por concepto.

2.2.1.1.2   Ejemplo práctico

Para clarificar al lector este primer resultado se propone un pequeño ejemplo numérico:

Casimiro Asís Pequeño tiene una empresa de albañilería en Palencia (Epígrafe 501.3) en la que trabaja con dos empleados, de 23 y 40 años, respectivamente. Ambos completan la jornada en horas establecida por convenio. Disponen de dos vehículos para el transporte y realización de sus trabajos con 20 CVF y 26 CVF, respectivamente. También cuentan con un pequeño local donde realizan la atención al público y el almacenaje de sus materiales, este local tiene 34 m^2, todos ellos útiles. Se trata de realizar los cálculos pertinentes para averiguar la Cuota devengada por operaciones corrientes.

Actividad: Albañilería y pequeños trabajos de construcción en general. Epígrafe I.A.E.: 501.3				
Módulo	Definición	Unidad	Cuota devengada anual por unidad	Euros
1	Personal empleado	Persona		2.721,00
2	Superficie del local	Metro cuadrado		18,43
3	Potencia fiscal vehículo	CVF		60,94
Cuota mínima por operaciones corrientes: 9% de la cuota devengada por operaciones corrientes.				

- Personal empleado: 3 personas × 2.721,00 = 8.163,00

- Superficie del local: 34 m^2 × 18,43 = 626,62

- Potencia fiscal vehículo: (20 CVF + 26 CVF) × 60,94 = 2.803,24

  Total Cuota Devengada por operaciones corrientes = 11.592,86 (que es el resultado de sumar las tres cuotas obtenidas por cada concepto fijado en el módulo).

Para finalizar el proceso de esta primera fase en la que llegaremos a la obtención del Ingreso a cuenta, se debe realizar un cálculo final. Todas las actividades cuentan con una tabla donde figura un porcentaje de ingreso a cuenta dependiendo del epígrafe correspondiente. Este porcentaje establecido por la Agencia Tributaria se aplicará sobre el total de la Cuota Devengada obtenida para, finalmente, llegar a la cantidad que estábamos buscando: el Ingreso a cuenta que figurará en el Modelo 310.

I.A.E.	Actividad económica	Porcentaje
453	Confección en serie de prendas de vestir y sus complementos, excepto cuando su ejecución se realice mayoritariamente por encargo a terceros.	10%
453	Confección en serie de prendas de vestir y sus complementos ejecutada directamente por la propia empresa, cuando se realice exclusivamente para terceros y por encargo.	10%
463	Fabricación en serie de piezas de carpintería, parqué y estructuras de madera para la construcción.	10%
468	Industria del mueble de madera.	10%
474.1	Impresión de textos o imágenes.	9%
501.3	Albañilería y pequeños trabajos de construcción en general.	2%

Tabla 2.2. Extracto de la tabla de porcentajes de ingreso a cuenta

Siguiendo con el ejemplo anterior y para completar su cálculo realizaríamos el siguiente cálculo:

- Sobre la cuota devengada por operaciones corrientes se aplicará el 2% correspondiente a su actividad (ver tabla anterior).

  $\boxed{11.592,86 \times 2\% = \mathbf{231,86\ €}} \rightarrow$ Este será el importe a anotar como ingreso a cuenta en cada uno de los tres primeros trimestres del año en el Modelo 310.

Actividades en régimen simplificado (excepto agrícolas, ganaderas y forestales)	Epígrafe I,A. E. (a)	Ingreso a cuenta (b)
	501.3	231,86
Actividades agrícolas, ganaderas y forestales	Descripción de la actividad (a)	Ingreso a cuenta (b)
Suma de ingresos a cuenta del conjunto de actividades ejercidas	01	231,86

2.2.1.1.3   2ª fase: cálculo de las cuotas devengadas

El Modelo 310, tal y como anticipábamos al comienzo del epígrafe, no devenga las cuotas de IVA repercutido por las ventas realizadas, sino que al tratarse de pagar una cuota fija, independientemente de los beneficios como cuotas devengadas, encontraremos solamente tres casillas a declarar:

- **Casilla 02**: en este modelo los sujetos estarán obligados a liquidar e ingresar las cuotas resultantes de las adquisiciones intracomunitarias realizadas, es decir, no se trata de un IVA deducible como en el anterior Modelo 303, sino que se trata de una cuota de IVA que deberá ser ingresada de forma trimestral por el autónomo como cuota devengada.

Cuotas devengadas		
Adquisiciones intracomunitarias de bienes	02	
Entregas de activos fijos	03	
I.V.A. Devengado por inversión del sujeto pasivo	04	
Total cuota resultante ($\boxed{01}$ + $\boxed{02}$ + $\boxed{03}$ + $\boxed{04}$)	05	

- **Casilla 03**: esta casilla recogerá el total de las cuotas de IVA devengadas por la transmisión de activos fijos inmateriales o entregas de activos fijos materiales realizadas en el trimestre a liquidar.

- **Casilla 04**: se trata de incluir las cuotas devengadas por operaciones sujetas al impuesto llevadas a cabo por personas no establecidas en el territorio de aplicación del IVA, es decir, operaciones en las que intervengan terceros no afincados en el territorio nacional y a quienes se presten servicios con habitualidad.

- **Casilla 05**: suma total de las cuotas devengadas anotadas en las casillas anteriores así como la cantidad obtenida como ingreso a cuenta incluido en la casilla 01. Este total será el importe previo que deberá ingresar el autónomo, en caso de no incluir deducciones se convertirá en el importe definitivo.

2.2.1.2 IVA DEDUCIBLE Y RESULTADO

El segundo grupo de casillas se reduce considerablemente si lo comparamos con el Modelo 303; se trata del apartado correspondiente al IVA deducible y el resultado final que presentará la declaración. Así pues, nos encontraremos con cinco casillas importantes que pasamos a detallar:

- **Casilla 06**: esta es la única casilla deducible con la que cuenta el Modelo 310. Aquí se incluirán las cuotas de IVA obtenidas por la compra o importación de activos fijos afectos a la actividad, es decir, que realmente estén destinados al desarrollo de la actividad.

I.V.A. Deducible		
Adquisición o importación de activos fijos	06	
Entregas intracomunitarias	Diferencia ($\boxed{05}$ - $\boxed{06}$)	07	
10	Cuotas a compensar de períodos anteriores	08	
	RESULTADO ($\boxed{07}$ - $\boxed{08}$)	09	
A deducir (exclusivamente en caso de declaración complementaria)	11	
Resultado de la anterior o anteriores declaraciones del mismo concepto, ejercicio y período		
Resultado de la liquidación ($\boxed{09}$ - $\boxed{11}$)	12	

- **Casilla 07**: diferencia obtenida entre las cuotas devengadas totalizadas y la cuota deducible incluida en la casilla 06.

- **Casilla 08**: si en anteriores liquidaciones trimestrales la cantidad resultante ha sido negativa o a devolver, esas cantidades quedan compensadas para posteriores liquidaciones de forma que o bien se incrementa la cantidad a devolver, o bien se compensa la cantidad positiva a pagar. En esta casilla se anotarán, por tanto, estas cantidades acumuladas en trimestres anteriores.

- **Casilla 09**: resultado previo de la declaración, restaremos la diferencia obtenida en la casilla 07 con las cantidades compensadas anotadas en la casilla 08, si las hubiera.

- **Casilla 10**: casilla meramente informativa donde se incluirá la base imponible de las entregas de bienes realizadas a países comunitarios.

- **Casilla 11**: casilla exclusiva para las declaraciones complementarias. Solamente se indicará el importe correspondiente a la última declaración presentada de forma complementaria, cuando ésta última haya resultado a ingresar o se haya percibido una devolución.

- **Casilla 12**: resultado final de la liquidación en positivo o negativo.

2.2.1.3 CIERRE DEL DOCUMENTO

Para terminar y cerrar el Modelo 310 tendrá que completar las casillas correspondientes a la forma y modo de pago o devolución, dependiendo del resultado final obtenido.

Para ello, el modelo cuenta con varios grupos de casillas. Estos grupos dependerán de la opción de pago que el empresario decida.

- **Compensación**: el apartado para la compensación se cumplimentará siempre que el resultado de la liquidación contenga signo negativo. En este caso se guardará dicho importe para ser compensado en posteriores liquidaciones. Se anotará en la casilla "c" el total destinado a tal fin.

- **Sin actividad**: esta casilla se marcará con una cruz siempre que el autónomo no haya tenido actividad alguna durante el trimestre que se está liquidando, es decir, que tenga un trimestre en blanco. Estos trimestres son frecuentes en actividades de temporada y es importante destacar que, a pesar de no haber tenido actividad, el titular debe presentar sus modelos correspondientes indicando este hecho en citada casilla.

- **Declaración complementaria**: deberá indicar con una X en la casilla así denominada. En el caso de que esta liquidación sea complementaria a alguna anterior se deberá también hacer constar el número de justificante de aquella declaración a la que completa.

- **Ingreso**: en caso de resultar la liquidación positiva o, lo que es lo mismo, a pagar, deberá indicar el importe en la casilla "I" para seguidamente marcar con una cruz la forma de pago elegida. En caso de tratarse de un adeudo en cuenta o de una domiciliación, deberá indicar la cuenta corriente de cargo.

- **Firma**: se deberá entregar la liquidación debidamente firmada y fechada de forma correcta.

2.2.1.4 EJEMPLO PRÁCTICO

Cosme Kirino Parrado regenta una cafetería en Madrid (Epígrafe 672.3) en la que trabajan únicamente 4 empleados, uno de ellos de 18 años (el titular no trabaja en la actividad). Todos los trabajadores completan la jornada en horas establecida por convenio salvo uno de los empleados mayor de edad que realiza 1.600 horas anuales.

Tiene dentro del local (de 98 m^2) 2 máquinas tipo "A" y una máquina tipo "B". El local cuenta con 2 barras de 3 metros y 4 metros cada una de ellas. Las mesas que utiliza en la cafetería son: 6 de cuatro plazas y 5 de tres plazas. La potencia eléctrica contratada es de 28 Kw.

Se trata de realizar los cálculos pertinentes para averiguar la Cuota devengada por operaciones corrientes y completar el Modelo 310 con todos los datos relativos al segundo trimestre del año 2012. Para ello se conocen también las siguientes operaciones:

1. Se han realizado compras de mercancías por valor de 2.800 € al 18% de IVA.

2. Recibe factura correspondiente al transporte realizado desde Alemania hasta nuestro país. El importe de la factura es de 290 € (18% IVA).

3. A lo largo del segundo trimestre se adquiere una maquinaria nueva para la cafetería por valor de 6.800 € al 18% de IVA.

Actividad: Cafeterías.
Epígrafe I.A.E.: 672.1,2 y 3

Módulo	Definición	Unidad	Rendimiento anual por unidad antes de amortización Euros
1	Personal asalariado	Persona	1.448,68
2	Personal no asalariado	Persona	13.743,56
3	Potencia eléctrica	Kw.contratado	478,69
4	Mesas	Mesa	377,92
5	Máquinas tipo "A"	Máquina tipo "A"	957,39
6	Máquinas tipo "B"	Máquina tipo "B"	3.747,67

NOTA: El rendimiento neto resultante de la aplicación de los signos o módulos anteriores incluye, en su caso, el derivado de máquinas de recreo tales como billar, futbolín, dardos, etc..., así como de los expositores de cintas, vídeos, compact-disc, expendedores de bolas, etc..., máquinas de juegos infantiles, máquinas reproductoras de compact-disc y vídeos musicales, loterías y el servicio de uso de teléfono, siempre que se realicen con carácter accesorio a la actividad principal.

El porcentaje de ingreso a cuenta correspondiente al epígrafe 672.3 es del 4%.

Solución:

En primer lugar anotaremos los datos identificativos del autónomo para pasar posteriormente con las dos fases que componen el Modelo 310.

*   **Ejercicio**: período o año de liquidación.

*   **Período**: trimestre que se está liquidando.

*   **NIF**: numero identificativo del autónomo.

*   **Apellidos y Nombre o Razón Social**: nombre completo del autónomo que presenta esta liquidación. El NIF y los apellidos y nombre se pueden sustituir adjuntando la etiqueta identificativa que proporciona la Agencia Tributaria.

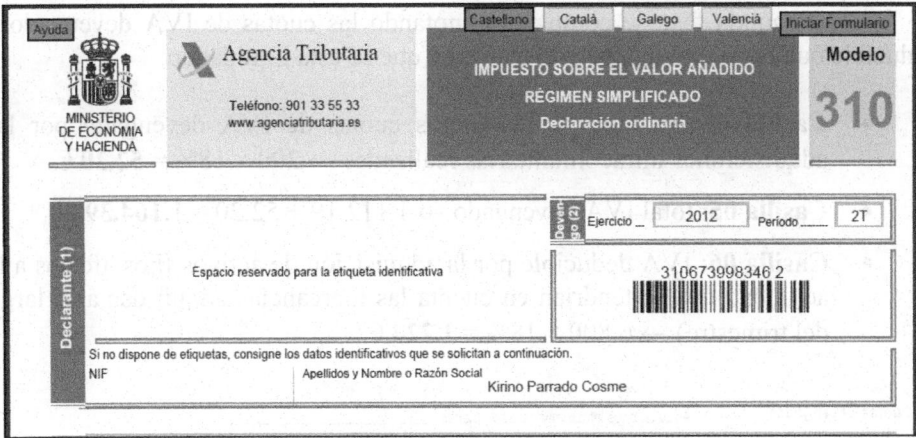

La primera fase consistirá en el cálculo del Ingreso a cuenta en función al módulo correspondiente:

- Personal empleado (asalariado): $[1 + 1 + (1.600/1.800) + 0,6] \times 1.448,68$

| Trab. 1 | Trab. 2 | Trab. 3 | Trab. menor |

$3,48888 \times 1.448,68 = \mathbf{5.054,27}$

- Potencia eléctrica: $28\ Kw \times 478,69 = \mathbf{13.403,32}$

- Mesas: $[6 + (5 \times \tfrac{3}{4})] \times 377,92 = \mathbf{3.684,72}$

- Máquinas tipo "A": $2 \times 957,39 = \mathbf{1.914,78}$

- Máquinas tipo "B": $1 \times 3.747,67 = \mathbf{3.747,67}$

   Total Cuota Devengada por operaciones corrientes = 27.804,76 €.

   Ingreso a cuenta $= 27.804,76 \times 4\% = \mathbf{1.112,19\ €}$

NOTA: los metros que se aportan como superficie del local no se tendrán en cuenta en este caso, puesto que el módulo no detalla este concepto como computable. Será, por tanto, un dato sobrante.

Actividades en régimen simplificado (excepto agrícolas, ganaderas y forestales)	Epígrafe IAE (a)	Ingreso a cuenta (b)
	672.3	1.112,19
Actividades agrícolas, ganaderas y forestales	Descripción de la actividad (a)	Ingreso a cuenta (b)
Suma de ingresos a cuenta del conjunto de actividades ejercida	01	1.112,19

La segunda fase se completará anotando las cuotas de IVA devengado y deducible que correspondan para el trimestre que se está liquidando:

- **Casilla 02**: se trata de anotar las cuotas de IVA devengado por las adquisiciones intracomunitarias realizadas → 290 × 18% = **52,20 €**.

- **Casilla 05**: total IVA devengado → 1.112,19 + 52,20 = **1.164,39 €**.

- **Casilla 06**: IVA deducible por la adquisición de activos fijos afectos a la actividad (no se tendrían en cuenta las mercancías adquiridas a lo largo del trimestre) → 6.800 × 18% = **1.224 €**.

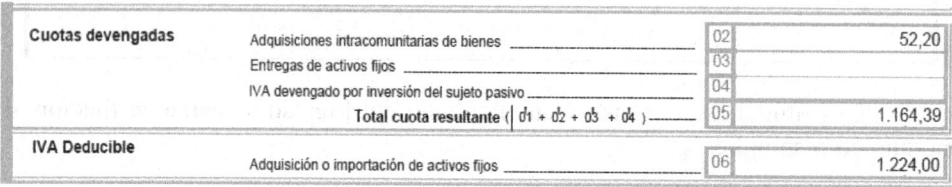

Cuotas devengadas			
	Adquisiciones intracomunitarias de bienes	02	52,20
	Entregas de activos fijos	03	
	IVA devengado por inversión del sujeto pasivo	04	
	Total cuota resultante ($01 + 02 + 03 + 04$)	05	1.164,39
IVA Deducible			
	Adquisición o importación de activos fijos	06	1.224,00

- **Casilla 07**: diferencia entre el IVA devengado y el deducible → **– 9,61 €**.

- **Casilla 09**: resultado previo de la liquidación → **– 59,61 €**.

- **Casilla 12**: resultado definitivo de la liquidación → **– 59,61 €**.

- **Casilla "C"**: al resultar la liquidación negativa se tendrá que indicar en esta casilla el importe a compensar para los períodos posteriores → **59,61 €**.

- **Fecha y firma**: obligatorios para presentar el modelo.

Entregas intracomunitarias			
10	Diferencia (05 - 06)	07	-59,61
	Cuotas a compensar de períodos anteriores	08	
	RESULTADO(07 - 08)	09	-59,61
	A deducir (exclusivamente en caso de declaración complementaria): Resultado de la anterior o anteriores declaraciones del mismo concepto, ejercicio y período	11	
	Resultado de la liquidación (09 - 11)	12	-59,61

Si la casilla 12 resulta negativa, consigne el importe a compensar

C   59,61

Sin actividad

Madrid   a 20 de Julio de 2012
Firma:

Ingreso (6)

Ingreso efectuado a favor del Tesoro Público.Cuenta restringida de colaboración en la recaudación de la AEAT de declaraciones-liquidaciones o autoliquidaciones

Importe: I

Forma de pago: En efectivo   EC adeudo en cuenta
Código Cuenta Cliente (CCC)

Entidad   Sucursal   DC   Núm. de cuenta

Declaración complementaria (7)

Si esta declaración es complementaria de otra declaración anterior correspondiente al mismo concepto, ejercicio y período, indíquelo marcando con una "X" esta casilla.

Declaración complementaria

En este caso, consigne a continuación el número de justificante identificativo de la declaración anterior.

N.° de justificante

2.2.1.5 SITUACIONES ESPECIALES EN MÓDULOS

Existen situaciones especiales en las que un autónomo se puede encontrar a la hora de liquidar el Impuesto sobre el Valor Añadido en módulos. Algunas de estas situaciones son recogidas dentro de la Ley como situaciones especiales que tendrán reglas especiales en cuanto al proceso de cálculo. En todo caso, conviene destacar, que se trata de situaciones especiales, en cualquier otro caso el proceso de cumplimentación del Modelo 310 seguirá siempre esta estructura por fases que acabamos de detallar.

2.2.1.5.1   Actividades de temporada

Se consideran actividades de temporada aquellas cuya actividad real solamente se ejerce durante determinados días del año, de forma continua o de forma alterna. Además, no deberán superar los 180 días de trabajo al año, en el momento que sus actividades se desarrollen superando citados días dejarán de considerarse actividades de temporada.

En estos casos el importe denominado **"Cuota Devengada por operaciones corrientes"** (la cuota obtenida en el módulo antes de aplicar el porcentaje correspondiente al ingreso a cuenta), deberá de ser corregido y adaptado a esta situación especial realizando la siguiente operación:

$$\text{Ingreso a cuenta} = \frac{\text{Cuota devengada por operaciones corrientes}}{\text{Días de actividad del período anterior}} \times \text{Días de actividad del trimestre en curso} \times \text{Índice corrector} \times \text{Porcentaje módulo}$$

El índice corrector que se muestra en la fórmula dependerá de los días reales de actividad que presente la empresa. Este índice corrector se obtendrá de la siguiente tabla:

Duración de la temporada	Índice
Hasta 60 días	1,50
De 61 a 120 días	1,35
De 121 a 180 días	1,25

Tabla 2.3. Índices correctores de temporada

2.2.1.5.2   Comienzo o fin de la actividad

Como segunda situación especial que podremos encontrar, ésta mucho más habitual que la primera, es la posibilidad de que la actividad haya dado comienzo con posterioridad al 1 de enero o también que dicha actividad haya cesado antes del 31 de diciembre.

En este caso, como es obvio, el trimestre correspondiente quedará incompleto, por tanto, la liquidación final deberá sufrir una variación o ajuste. Los trimestres que resulten incompletos ajustarán el importe a ingresar aplicando la siguiente fórmula:

$$\text{Ingreso a cuenta} = \frac{\text{Pago fraccionado del trimestre completo} \times \text{Días reales del trimestre en curso}}{\text{Días de naturales del trimestre completo}}$$

2.2.1.5.3   Ejemplo práctico

Alberto Catalá Cuesta regenta una heladería en León (Epígrafe 676) en la que trabaja el titular de la actividad y un empleado. Todos los trabajadores completan la jornada en horas establecida por convenio.

Esta heladería solamente permanece abierta durante los meses de junio, julio, agosto y septiembre, permaneciendo un total de 84 días del cómputo anual durante el tercer trimestre del ejercicio. El ejercicio anterior solamente permaneció abierto durante 98 días naturales. La duración de la temporada para este ejercicio 2012 será de 130 días, previsiblemente.

Tiene dentro del local una máquina tipo "A". Las mesas que utiliza en la heladería son: 3 de cuatro plazas y 6 de tres plazas y 2 de 6 plazas. La potencia eléctrica contratada es de 16 Kw.

Se trata de realizar los cálculos pertinentes para averiguar la Cuota devengada por operaciones corrientes y completar el Modelo 310 con todos los datos relativos al tercer trimestre del año 2012.

El porcentaje de ingreso a cuenta correspondiente al epígrafe 676 es del 6%.

© RA-MA

Actividad: Servicios en chocolaterías, heladerías y horchaterías. Epígrafe I.A.E. 676			
Módulo	Definición	Unidad	Cuota devengada anual por unidad Euros
1	Personal empleado	Persona	3.054,04
2	Potencia eléctrica	Kw. Contratado	113,38
3	Mesas	Mesa	36,84
4	Máquinas tipo "A"	Máquina tipo "A"	141,72
5	Importe total de las comisiones por loterías	Euro	0,18

Cuota mínima por operaciones corrientes: 20% de la cuota devengada por operaciones corrientes.

NOTA: La cuota resultante de la aplicación de los signos o módulos anteriores, incluye, en su caso, la derivada de las actividades de elaboración de chocolates, helados y horchatas, el servicio al público de helados, horchatas, chocolates, infusiones, café y solubles, bebidas refrescantes, así como productos de bollería, pastelería, confitería y repostería que normalmente se acompañan para la degustación de los productos anteriores, y de máquinas de recreo tales como balancines, caballitos, animales parlantes, etc..., así como de la comercialización de loterías, siempre que se desarrollen con carácter accesorio a la actividad principal.

Solución:

En primer lugar anotaremos los datos identificativos del autónomo para pasar posteriormente con las dos fases que componen el Modelo 310.

- **Ejercicio**: año correspondiente a la liquidación.

- **Período**: trimestre que se está liquidando.

- **NIF**: número identificativo del titular de la actividad.

- **Apellidos y nombre o Razón social**: nombre completo del titular de la actividad.

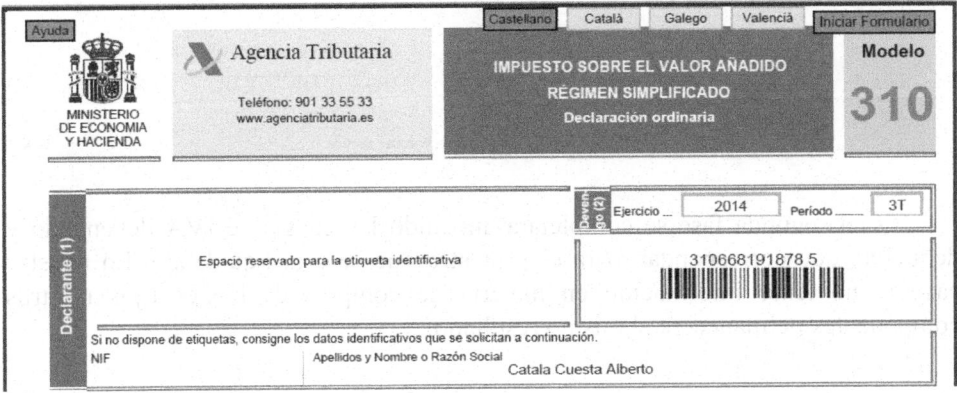

La primera fase consistirá en el cálculo del Ingreso a cuenta en función al módulo correspondiente teniendo en cuenta que nos encontramos ante una **actividad de temporada** dado el número de días que estima de apertura en el año:

- Personal empleado (asalariado): $[1 + 1] \times 3.054,04 = \mathbf{6.108,08}$

$$\text{Titular} \qquad \text{Trab. 1}$$

- Potencia eléctrica: $16 \text{ Kw} \times 113,38 = \mathbf{1.814,08}$

- Mesas: $[3 + (6 \times 3/4) + (2 \times 6/4] \times 36,84 = \mathbf{386,82}$

- Máquinas tipo "A": $1 \times 141,72 = \mathbf{141,72}$

- Total Cuota Devengada por operaciones corrientes = 8.450,70 €.

$$\text{Ingreso a cuenta} = \frac{8.450,70}{98} \times 84 \times 1,25 \times 6\% = \mathbf{543,26 \text{ €}}$$

Actividades en régimen simplificado (excepto agrícolas, ganaderas y forestales)	Epígrafe IAE (a)	Ingreso a cuenta (b)
	676	543,26
Actividades agrícolas, ganaderas y forestales	Descripción de la actividad (a)	Ingreso a cuenta (b)
Suma de ingresos a cuenta del conjunto de actividades ejercida	01	543,26

La segunda fase se completará anotando las cuotas de IVA devengado y deducible que correspondan para el trimestre que se está liquidando. En nuestro caso al no tener información en materia de compras de bienes fijos u otros componentes permanecerá el mismo resultado.

Cuotas devengadas			
	Adquisiciones intracomunitarias de bienes	02	
	Entregas de activos fijos	03	
	IVA devengado por inversión del sujeto pasivo	04	
	Total cuota resultante (01 + 02 + 03 + 04)	05	
IVA Deducible			
	Adquisición o importación de activos fijos	06	543,26
Entregas intracomunitarias	Diferencia (05 - 06)	07	543,26
10	Cuotas a compensar de períodos anteriores	08	
	RESULTADO (07 - 08)	09	543,26
A deducir (exclusivamente en caso de declaración complementaria): Resultado de la anterior o anteriores declaraciones del mismo concepto, ejercicio y período		11	
Resultado de la liquidación (09 - 11)		12	543,26

El resultado, por tanto, de esta liquidación será a pagar indicándose tal importe en la casilla "I" y marcando con una cruz la forma de pago elegida. Muy importante fechar el documento y entregarlo firmado para su correcta validez.

Compensación (4)

Si la casilla 12 resulta negativa, consigne el importe a compensar

C

Sin actividad (5)

Sin actividad

Firma (8)

León   a 20 de Octubre de 2012
Firma:

Ingreso (6)

Ingreso efectuado a favor del Tesoro Público. Cuenta restringida de colaboración en la recaudación de la AEAT de declaraciones-liquidaciones o autoliquidaciones

Importe: I   543,26

Forma de pago: X En efectivo   EC adeudo en cuenta
Código Cuenta Cliente (CCC)

Entidad	Sucursal	DC	Núm. de cuenta

Declaración complementaria (7)

Si esta declaración es complementaria de otra declaración anterior correspondiente al mismo concepto, ejercicio y período, indíquelo marcando con una "X" esta casilla.

Declaración complementaria

En este caso, consigne a continuación el número de justificante identificativo de la declaración anterior.

N.º de justificante

2.2.2 Modelo 311

Tal y como se adelantó al comienzo de este epígrafe, el Modelo 311 será el que el autónomo debe presentar el último trimestre del año en estimación objetiva o módulos. El plazo para esta presentación está fijado entre el 1 y el 30 de enero.

En este modelo se pretende realizar una regularización de las cuotas de IVA resultantes en los trimestres anteriores y, sobre todo, actualizar las circunstancias de la empresa en caso de encontrar modificaciones. Por ejemplo, nuevas contrataciones o despidos, nuevo mobiliario (mesas, barra, etc.) dentro del local, etc.

El modelo cuenta con una estructura muy parecida al anterior Modelo 310, aunque en este caso las diferencias y particularidades se encuentran en los cálculos que se deberán realizar para llegar al cómputo final.

2.2.2.1 1ª FASE: CÁLCULO LA CUOTA DERIVADA RÉGIMEN SIMPLIFICADO

Las operaciones a realizar para calcular la cuota anual devengada en régimen simplificado serán las siguientes:

1. Calcular la cuota devengada por operaciones corrientes: esta cuota se obtenía a partir de los conceptos fijados por el módulo, esto es, personal empleado, potencia contratada, etc. Los cálculos a realizar son los mismos que para el Modelo 310. En este punto puede echar la vista atrás y comprobar en los ejemplos anteriores que cantidad era la denominada cuota devengada por operaciones corrientes.

   Es importante recordar que esta cuota es justamente la cantidad anterior a la que se multiplicaba por el porcentaje que cada módulo fijaba.

2. Calcular la cuota soportada por operaciones corrientes: serán las cuotas de impuesto derivadas de la adquisición o importación de bienes y servicios, **nunca activos fijos**, destinados a la actividad. Estas cuotas aunque se incluyen solamente en este último trimestre, se calcularán en base a todo el año natural, es decir, serán las cuotas de IVA soportado en **todo el año**.

3. Calcular el 1% de cuotas soportadas de difícil justificación: este cálculo será sencillo y consistirá únicamente en calcular el 1% de la cuota devengada por operaciones corrientes (calculada en el primer punto).

4. Calcular la cuota anual: esta cuota será el resultado de restar las cuotas devengadas por operaciones corrientes menos las cuotas soportadas por operaciones corrientes y el 1% establecido de difícil justificación.

5. Calcular la cuota mínima: en este punto tendremos que aplicar a la **cuota devengada por operaciones corrientes**, calculada anteriormente, el porcentaje que cada módulo indica como cuota mínima devengada.

6. Comparar la **cuota mínima** obtenida con la **cuota anual** calculada en el punto cuarto. De estas dos cuotas se tomará la mayor y ésta se convertirá en el **resultado de la cuota anual**.

De forma esquemática el proceso quedaría así:

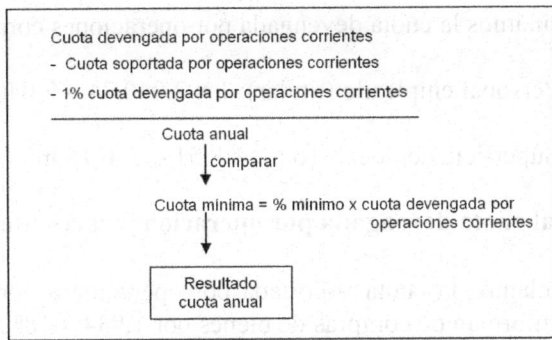

Para clarificar este proceso un poco más proponemos un ejemplo práctico donde se plasmarán todos los conceptos que se acaban de explicar:

Sandra Huertas Andrés regenta un comercio al por menor elaboración de patatas fritas, palomitas y otros frutos secos en Segovia (Epígrafe 423.9) en la que trabaja ella como único personal del negocio.

El local con el que cuenta mide 16 m^2 todos ellos para la atención al público y la elaboración directa de sus productos, no dispone de almacén ni de zonas residuales. Estos datos no han tenido variaciones a lo largo del año.

A lo largo del año 2012 ha realizado compras de mercancías por 1.934 € al 18% de IVA.

Se trata de realizar los cálculos pertinentes para averiguar la cuota anual correspondiente al cuarto trimestre del año 2012.

El porcentaje de ingreso a cuenta correspondiente al epígrafe 423.9 es del 10%.

Actividad: Elaboración de patatas fritas, palomitas de maíz y similares. Epígrafe I.A.E. 423.9			
Módulo	Definición	Unidad	Cuota devengada anual por unidad Euros
1 2	Personal empleado Superficie del local	Persona Metro cuadrado	2.040,74 8,51
Cuota mínima por operaciones corrientes: 32% de la cuota devengada por operaciones corrientes.			
NOTA: La cuota resultante de la aplicación de los signos, índices o módulos anteriores incluye la derivada del ejercicio de las actividades que faculta la nota del epígrafe 644.6 del I.A.E.			

Solución:

- Calculamos la cuota devengada por operaciones corrientes:

  - Personal empleado (titular): $1 \times 2.040,74 = 2.040,74$

  - Superficie del local: $16 \ m^2 \times 8,51 = 136,16 \ m^2$

  Total cuota devengada por operaciones corrientes = **2.176,9 €.**

- Calculamos la cuota soportada por operaciones corrientes: en este caso nos informan de compras de bienes por $1.934 \times 18\% = \textbf{348,12}$

- Calculamos el 1% de difícil justificación: $2.176,9 \times 1\% = \textbf{21,77}$

- Calculamos la **cuota anual**= $2.176,9 - (348,12 + 21,77) = \textbf{1.807,01 €.}$

- Calculamos la **cuota mínima** = $2.176,9 \times 32\% = \textbf{696,61 €.}$

- **Resultado** de la cuota anual: Elegimos la cuota mayor comparando la cuota anual y la cuota mínima, en nuestro caso la más grande es la cuota anual →**1.807,01 €.**

Una vez obtenido el resultado final es el momento de cumplimentar las casillas que corresponda dentro del Modelo 311. La primera parte del modelo es similar a los anteriores, con una zona destinada a los datos identificativos del autónomo y el ejercicio económico que se va a liquidar.

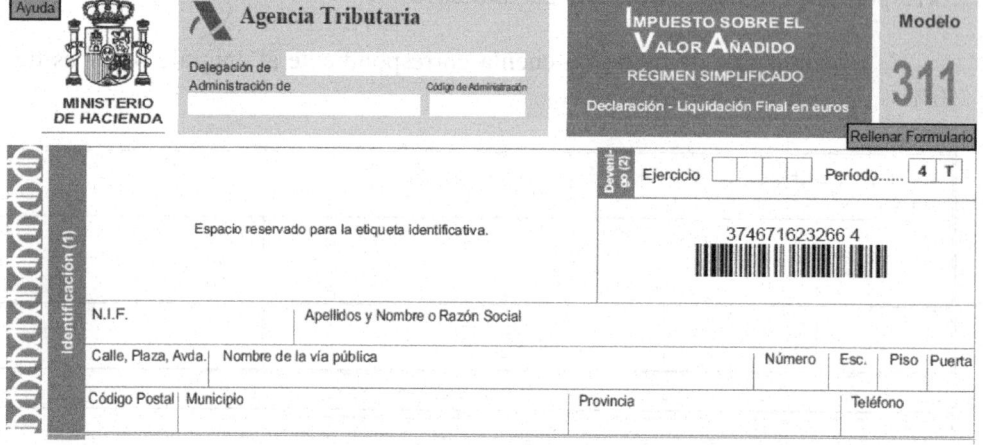

Seguidamente nos encontramos con las siguientes casillas:

- **Casilla "a"**: en esta casilla se deberá anotar el epígrafe correspondiente a la actividad que se va a liquidar.

- **Casilla "b"**: esta es la casilla que recogerá el **resultado de la cuota anual** calculada en el proceso anteriormente explicado.

Actividades en régimen simplificado (excepto agrícolas, ganaderas y forestales)	Epígrafe I.A.E. (a)	Cuota derivada régimen simplificado (b)
Actividades agrícolas, ganaderas y forestales Descripción de la actividad (a)		Cuota derivada régimen simplificado (b)

Suma de cuotas derivadas régimen simplificado	01	
Suma de ingresos a cuenta realizados en el ejercicio	02	
Resultado ([01]-[02])	03	

- **Casilla 01**: en esta casilla se deberán sumar todas las cuotas derivadas del régimen simplificado que se hayan obtenido. Si el autónomo solamente tuviera varias actividades deberá calcular esta cuota para cada una de ellas e ir detallándolas en el modelo para sumarlas en este momento.

- **Casilla 02**: a lo largo de los trimestres anteriores (los tres primeros trimestres del año), se han realizado las liquidaciones a través del Modelo 310. Si en alguna de estas liquidaciones se ha realizado un pago a cuenta, es decir, se ha ingresado alguna cantidad a la Agencia Tributaria, ahora es el momento de anotarla en esta casilla totalizada. Estas cantidades se compensarán con la que se deba pagar en el cuarto trimestre.

- **Casilla 03**: se trata del resultado preliminar de la liquidación, tendremos que restar la casilla 01, que contiene la suma de las cuotas derivadas del régimen simplificado, menos la casilla 02, que contiene los pagos a cuenta totalizados.

Siguiendo con el ejemplo planteado anteriormente, supongamos unos pagos a cuenta realizados a lo largo de los tres primeros trimestres de 978,56 €, el modelo quedaría de la siguiente forma:

Actividades en régimen simplificado (excepto agrícolas, ganaderas y forestales)	Epígrafe I.A.E. (a)	Cuota derivada régimen simplificado (b)
	423.9	1.807,01

Actividades agrícolas, ganaderas y forestales Descripción de la actividad (a)		Cuota derivada régimen simplificado (b)

Suma de cuotas derivadas régimen simplificado	01	1.807,01
Suma de ingresos a cuenta realizados en el ejercicio	02	978,56
Resultado ($\boxed{01}$-$\boxed{02}$)	03	828,45

2.2.2.2 2ª FASE: IVA DEVENGADO Y DEDUCIBLE

Para este modelo las cuotas devengadas son exactamente iguales a las que encontrábamos en el Modelo 310. Se recomienda, por tanto, al lector en este punto volver a leer el epígrafe relativo a las cuotas devengadas para el Modelo 310 porque se trata de los mismos conceptos e ideas. Para evitar la repetición de conceptos nos centraremos en aquellas casillas y conceptos novedosos para este documento.

Cuotas devengadas			
Adquisiciones intracomunitarias de bienes	04	
Entregas de activos fijos	05	
I.V.A. devengado por inversión del sujeto pasivo	06	
Total cuota resultante ($\boxed{03}$+$\boxed{04}$+$\boxed{05}$+$\boxed{06}$)	07	

Por la parte del IVA deducible se amplia un apartado relativo a la regularización de bienes de inversión. En esta casilla se deberá incluir el resultado de la regularización de las deducciones por inversiones realizadas en los trimestres anteriores; si el resultado de la regularización implicara una minoración de las deducciones se consignará con signo negativo en la casilla 09.

I.V.A. Deducible			
Adquisición o importación de activos fijos	08	
Regularización bienes de inversión	09	
Total I.V.A. deducible ($\boxed{08}$+$\boxed{09}$)	10	

El cierre del modelo se asemeja en todas sus casillas y apartados al Modelo 310, solamente existe un apartado ampliado que corresponde a la solicitud de devolución en caso de resultar una liquidación negativa. En ese caso se completará la casilla "D" y la cuenta corriente de abono que corresponda.

2.2.2.3 EJEMPLO PRÁCTICO

A continuación presentamos un ejemplo completo para la liquidación del IVA en estimación objetiva:

El autónomo Javier Chapuzas Finas, titular de una actividad de instalaciones de aire acondicionado y fontanería en Madrid (epígrafe 504.2), se encuentra acogido al régimen simplificado de IVA por lo que tributa por módulos.

Los datos base de la actividad facilitados por el contribuyente a 1 de enero de 2012 son los siguientes:

- Trabajan en la actividad: el titular y 3 empleados de 30, 24 y 18 años, respectivamente, efectuando la jornada completa conforme el convenio colectivo del sector.

- Tiene afecto a la actividad dos vehículos de potencia fiscal 20 CVF y 18 CVF respectivamente.

- El consumo de energía eléctrica durante el ejercicio anterior ha ascendido a 6.500 Kw.

A lo largo del año 2012 nos comunica que se han realizado las siguientes operaciones:

- El día 20 de abril adquiere a un empresario portugués diverso material para su actividad. El importe de todo el material asciende a 12.000 € al 18% de IVA.

- El día 30 de junio cesa su relación laboral con el empleado de 18 años.

- El día 25 de julio compra en Colombia mercancías por valor de 8.400 € al 18% de IVA.

- El día 23 de diciembre vende una maquinaria afecta a su actividad por resultar obsoleta por 2.000 € al 18% de IVA.

- Las compras de mercancías realizadas a lo largo del año suman 19.600 € al 18% de IVA.

Además nos informa de que durante todo el ejercicio 2012 el consumo eléctrico ascendió a 5.400 Kw. El porcentaje de ingreso a cuenta correspondiente al epígrafe 504.2 es del 5%. Determinar el importe de los ingresos a realizar en las declaraciones de los tres primeros trimestres y la regularización anual correspondiente al cuarto trimestre.

Actividad: Instalaciones de fontanería, frío, calor y acondicionamiento de aire. Epígrafe I.A.E.: 504.2 y 3			
Módulo	Definición	Unidad	Cuota devengada anual por unidad Euros
1	Personal empleado	Persona	3.820,11
2	Consumo de energía eléctrica	100 Kwh	40,94
3	Potencia fiscal vehículo	CVF	2,37
Cuota mínima por operaciones corrientes: 20% de la cuota devengada por operaciones corrientes.			

Solución:

Primer trimestre:

1. Cálculo del Ingreso a cuenta en base al módulo correspondiente:

    -   Personal empleado: $1 + 1 + 1 + (1 \times 0,6) \times 3.820,11 = 13.752,40$
    -   Consumo de energía eléctrica: $(6.500/100) \times 40,94 = 2.661,10$
    -   Potencia fiscal vehículo: $(20 + 18) \times 2,37 = 90,06$

    Total cuota devengada por operaciones corrientes = 16.503,56 €

    Ingreso a cuenta $= 16.503,56 \times 5\% =$ **825,18 €**

2. Cumplimentación del modelo: (ver página siguiente).

Segundo trimestre:

1. El ingreso a cuenta calculado para el primer trimestre se utilizará en el segundo trimestre → 825,18 €.

2. En este segundo trimestre realiza una adquisición intracomunitaria que deberá figurar en la casilla 02 →$12.000 \times 18\% = 2.160$ €.

    Este IVA se tomará como devengado y no será deducible en régimen simplificado.

3. Ver modelo en las páginas siguientes.

Tercer trimestre:

1. El ingreso a cuenta calculado para el primer trimestre se utilizará en el segundo trimestre y tercer trimestre → 825,18 €.

2. Ver modelo en las páginas siguientes:

Agencia Tributaria

MINISTERIO
DE ECONOMÍA
Y HACIENDA

Teléfono: 901 33 55 33
www.agenciatributaria.es

IMPUESTO SOBRE EL VALOR AÑADIDO
RÉGIMEN SIMPLIFICADO
Declaración ordinaria

Modelo
310

Devengo (2) | Ejercicio ___ 2012   Período ___ 1T

Declarante (1)

Espacio reservado para la etiqueta identificativa

310664332280 6

Si no dispone de etiquetas, consigne los datos identificativos que se solicitan a continuación.

NIF   Apellidos y Nombre o Razón Social
                   Chapuzas Finas Javier

Liquidación (3)

Actividades en régimen simplificado   Epígrafe IAE (a)   Ingreso a cuenta (b)
(excepto agrícolas, ganaderas y forestales)   504.2   825,18

Actividades agrícolas, ganaderas y forestales   Descripción de la actividad (a)   Ingreso a cuenta (b)

Suma de ingresos a cuenta del conjunto de actividades ejercida _____ | 01 | 825,18

Cuotas devengadas
Adquisiciones intracomunitarias de bienes _____ | 02
Entregas de activos fijos _____ | 03
IVA devengado por inversión del sujeto pasivo _____ | 04
Total cuota resultante (01 + 02 + 03 + 04) | 05 | 825,18

IVA Deducible
Adquisición o importación de activos fijos _____ | 06

Entregas intracomunitarias   **Diferencia** (05 - 06) _____ | 07 | 825,18
| 10 | Cuotas a compensar de períodos anteriores _____ | 08
                                              RESULTADO (07 - 08) _____ | 09 | 825,18
A deducir (exclusivamente en caso de declaración complementaria):
Resultado de la anterior o anteriores declaraciones del mismo concepto, ejercicio y período _____ | 11
Resultado de la liquidación (09 - 11) _____ | 12 | 825,18

Compensación (4)
Si la casilla 12 resulta negativa, consigne el importe a compensar

| C |

Ingreso (6)
Ingreso efectuado a favor del Tesoro Público. Cuenta restringida de colaboración en la recaudación de la AEAT de declaraciones-liquidaciones o autoliquidaciones

Importe: | I | 825,18

Forma de pago: [X] En efectivo   [ ] EC adeudo en cuenta
Código Cuenta Cliente (CCC)
Entidad   Sucursal   DC   Núm. de cuenta

Sin actividad (5)
[ ]   **Sin actividad**

Firma (8)
Madrid   a 20 de Abril   de 2012
                Firma:

Declaración complementaria (7)
Si esta declaración es complementaria de otra declaración anterior correspondiente al mismo concepto, ejercicio y período, indíquelo marcando con una "X" esta casilla.
[ ]   Declaración complementaria
En este caso, consigne a continuación el número de justificante identificativo de la declaración anterior.
N.º de justificante

Este documento no será válido sin la certificación mecánica o, en su defecto, firma autorizada.

Ejemplar para el sujeto pasivo

Ver. 1.1/2010

Cuarto trimestre:

1. Recalcular el ingreso a cuenta teniendo en cuenta las posibles novedades o variaciones producidas a lo largo del ejercicio:

    –   Personal empleado: $3 + (1 \times 0,6 \times 180/360) \times 3.820,11 = 12.606,36$

Titular + 2 trabajadores por todo el año.	El trabajador despedido el 30/06 solamente computará por medio año.

    –   Consumo de energía eléctrica: $(5.400/100) \times 40,94 = 127,98$

    –   Potencia fiscal vehículo: $(20 + 18) \times 2,37 = 90,06$

    –   Total cuota devengada por operaciones corrientes = **12.824,40 €**.

    –   Calculamos la cuota soportada por operaciones corrientes: en este caso nos informan de compras de bienes por $(8.400 + 19.600) \times 18\% = 5.040$

    –   Calculamos el 1% de difícil justificación: $12.824,40 \times 1\% = 128,24$

    –   Calculamos la cuota anual= $12.824,40 - (5.040+128,24) = 7.656,16$ €.

    –   Calculamos la cuota mínima = $12.824,40 \times 20\% = 2.564,88$ €.

    Resultado de la cuota anual: elegimos la cuota mayor comparando la cuota anual y la cuota mínima, en nuestro caso la más grande es la cuota anual →**7.656,16 €**.

2. Sumar todos los ingresos a cuenta o pagos ya realizados en los trimestres anteriores → $825,18 + 2.985,18 + 825,18 =$ **4.635,54 €**.

3. Dentro del cuarto trimestre vende una maquinaria afecta a su actividad lo que deberá anotarse como IVA devengado→ $2.000 \times 18\% =$ **360 €**.

4. Ver modelo cumplimentado al finalizar el ejemplo.

Agencia Tributaria

MINISTERIO
DE ECONOMIA
Y HACIENDA

Teléfono: 901 33 55 33
www.agenciatributaria.es

IMPUESTO SOBRE EL VALOR AÑADIDO
RÉGIMEN SIMPLIFICADO
Declaración ordinaria

Modelo
310

Ejercicio ___ 2012   Período ____ 2T

Espacio reservado para la etiqueta identificativa

310664332280 6

Si no dispone de etiquetas, consigne los datos identificativos que se solicitan a continuación.

NIF   Apellidos y Nombre o Razón Social

Chapuzas Finas Javier

Actividades en régimen simplificado
(excepto agrícolas, ganaderas y forestales)

Epígrafe IAE (a)   Ingreso a cuenta (b)

504.2   825,18

Actividades agrícolas, ganaderas y forestales   Descripción de la actividad (a)   Ingreso a cuenta (b)

Suma de ingresos a cuenta del conjunto de actividades ejercida	01	825,18

Cuotas devengadas

Adquisiciones intracomunitarias de bienes	02	2.160,00
Entregas de activos fijos	03	
IVA devengado por inversión del sujeto pasivo	04	
Total cuota resultante (01 + 02 + 03 + 04)	05	2.985,18

IVA Deducible

Adquisición o importación de activos fijos	06	

Entregas intracomunitarias

10

Diferencia (05 - 06)	07	2.985,18
Cuotas a compensar de períodos anteriores	08	
RESULTADO (07 - 08)	09	2.985,18
A deducir (exclusivamente en caso de declaración complementaria): Resultado de la anterior o anteriores declaraciones del mismo concepto, ejercicio y período	11	
Resultado de la liquidación (09 - 11)	12	2.985,18

Si la casilla 12 resulta negativa, consigne el importe a compensar

C

Sin actividad

Madrid   a 20 de Julio de 2012
Firma:

Ingreso efectuado a favor del Tesoro Público. Cuenta restringida de colaboración en la recaudación de la AEAT de declaraciones-liquidaciones o autoliquidaciones

Importe: I   2.985,18

Forma de pago: ✕ En efectivo   ☐ EC adeudo en cuenta
Código Cuenta Cliente (CCC)

Entidad	Sucursal	DC	Núm. de cuenta

Si esta declaración es complementaria de otra declaración anterior correspondiente al mismo concepto, ejercicio y período, indíquelo marcando con una "X" esta casilla.

☐ Declaración complementaria

En este caso, consigne a continuación el número de justificante identificativo de la declaración anterior.

N.º de justificante

Este documento no será válido sin la certificación mecánica o, en su defecto, firma autorizada.

Ejemplar para el sujeto pasivo

Ver. 1.1/2010

<table>
<tr><td>MINISTERIO
DE ECONOMIA
Y HACIENDA</td><td>Agencia Tributaria
Teléfono: 901 33 55 33
www.agenciatributaria.es</td><td>IMPUESTO SOBRE EL VALOR AÑADIDO
RÉGIMEN SIMPLIFICADO
Declaración ordinaria</td><td>Modelo
310</td></tr>
</table>

Declarante (1)

Devengo (2)   Ejercicio _ 2012   Periodo ____ 3T

Espacio reservado para la etiqueta identificativa

310664332280 6

Si no dispone de etiquetas, consigne los datos identificativos que se solicitan a continuación.

NIF   Apellidos y Nombre o Razón Social

Chapuzas Finas Javier

Liquidación (3)

Actividades en régimen simplificado	Epígrafe IAE (a)	Ingreso a cuenta (b)
(excepto agrícolas, ganaderas y forestales)	504.2	825,18

Actividades agrícolas, ganaderas y forestales	Descripción de la actividad (a)	Ingreso a cuenta (b)

Suma de ingresos a cuenta del conjunto de actividades ejercida	01	825,18

Cuotas devengadas

Adquisiciones intracomunitarias de bienes	02	825,18
Entregas de activos fijos	03	
IVA devengado por inversión del sujeto pasivo	04	
Total cuota resultante (01 + 02 + 03 + 04)	05	825,18

IVA Deducible

Adquisición o importación de activos fijos	06	

Entregas intracomunitarias 10

Diferencia (05 - 06)	07	825,18
Cuotas a compensar de periodos anteriores	08	
RESULTADO (07 - 08)	09	825,18
A deducir (exclusivamente en caso de declaración complementaria) Resultado de la anterior o anteriores declaraciones del mismo concepto, ejercicio y periodo	11	
Resultado de la liquidación (09 - 11)	12	825,18

Compensación (4)

Si la casilla 12 resulta negativa, consigne el importe a compensar

C

Sin actividad (5)

☐ Sin actividad

Firma (8)

Madrid   a 20 de Octubre de 2012
Firma:

Ingreso (6)

Ingreso efectuado a favor del Tesoro Público. Cuenta restringida de colaboración en la recaudación de la AEAT de declaraciones-liquidaciones o autoliquidaciones

Importe: I   825,18

Forma de pago: ☒ En efectivo   ☐ EC adeudo en cuenta

Código Cuenta Cliente (CCC)

Entidad	Sucursal	DC	Núm. de cuenta

Declaración complementaria (7)

Si esta declaración es complementaria de otra declaración anterior correspondiente al mismo concepto, ejercicio y periodo, indíquelo marcando con una "X" esta casilla.

☐ Declaración complementaria

En este caso, consigne a continuación el número de justificante identificativo de la declaración anterior.

N.º de justificante

Este documento no será válido sin la certificación mecánica o, en su defecto, firma autorizada.

Ejemplar para el sujeto pasivo

Ver. 1.1/2010

	Agencia Tributaria		Impuesto sobre el Valor Añadido	Modelo
MINISTERIO DE HACIENDA	Delegación de _____ Administración de _____ Código de Administración _____		RÉGIMEN SIMPLIFICADO Declaración - Liquidación Final en euros	**311**

Identificación (1)

Devengo (2)	Ejercicio	2012	Período......	4	T

Espacio reservado para la etiqueta identificativa.

374674398728 0

N.I.F. | Apellidos y Nombre o Razón Social
Chapuzas Finas Javier

Calle, Plaza, Avda.	Nombre de la vía pública		Número	Esc.	Piso	Puerta
Calle	Delgado Sinesio		12	1		

Código Postal	Municipio	Provincia	Teléfono
28021	Madrid	Madrid	

Liquidación (3)

Actividades en régimen simplificado
(excepto agrícolas, ganaderas y forestales)

Epígrafe I.A.E. (a): 504.2

Cuota derivada régimen simplificado (b): 7.656,16

Actividades agrícolas, ganaderas y forestales
Descripción de la actividad (a)

Cuota derivada régimen simplificado (b)

Suma de cuotas derivadas régimen simplificado	01	7.656,16
Suma de ingresos a cuenta realizados en el ejercicio	02	4.635,54
Resultado ([01]-[02])	03	3.020,62

Cuotas devengadas

Adquisiciones intracomunitarias de bienes	04	
Entregas de activos fijos	05	360,00
I.V.A. devengado por inversión del sujeto pasivo	06	
Total cuota resultante ([03]+[04]+[05]+[06])	07	3.380,62

I.V.A. Deducible

Adquisición o importación de activos fijos	08	
Regularización bienes de inversión	09	
Total I.V.A. deducible ([08]+[09])	10	

Entregas intracomunitarias: 14

Diferencia ([07]-[10])	11	3.380,62
Cuotas a compensar de periodos anteriores	12	
RESULTADO ([11]-[12])	13	3.380,62
A deducir (exclusivamente en caso de declaración complementaria): Resultado de la anterior o anteriores declaraciones del mismo concepto, ejercicio y período	15	
Resultado de la liquidación ([13]-[15])	16	3.380,62

Compensación (4)

Si resulta [16] negativa consignar el importe a compensar

C

Sin actividad (5)

Sin actividad

Devolución (6)

Manifiesto a esa Delegación que el importe a devolver reseñado deseo me sea abonado mediante transferencia bancaria a la cuenta indicada de la que soy titular:

Importe: D

Código Cuenta Cliente (CCC)
Entidad   Sucursal   DC   Número de cuenta

Ingreso (7)

Ingreso efectuado a favor del Tesoro Público, cuenta restringida de la Delegación de la A.E.A.T. para la Recaudación de los Tributos.

Forma de pago: X E.C. En efectivo   E.C. Adeudo en cuenta

Importe: I   3.380,62

Código Cuenta Cliente (CCC)
Entidad   Sucursal   DC   Número de cuenta

Declaración complementaria (8)

Si esta declaración es complementaria de otra declaración anterior correspondiente al mismo concepto, ejercicio y período, indíquelo marcando con una "X" esta casilla.

Declaración complementaria:
En ese caso, consigne a continuación el número de justificante identificativo de la declaración anterior.

N° de justificante

Sujeto pasivo (9)

Madrid .... a 20 de Enero de 2013

Firma:

Este documento no será válido sin la certificación mecánica o, en su defecto, firma autorizada.

Ver. 3.0/2008

Ejemplar para el sujeto pasivo

2.2.3 Modelo 390

El resumen anual de IVA que se refleja en el Modelo 390 es común tanto en estimación directa como en estimación objetiva. El modelo será el mismo, aunque los apartados a cumplimentar serán diferentes en un régimen o en otro.

Se recomienda al lector que retome el epígrafe 2.1.2 si tiene dudas a este respecto. En citado apartado se detalló por completo todo el modelo, así como sus apartados.

Capítulo 3

EL IRPF: TRIBUTACIÓN Y MODELOS

El Impuesto sobre la Renta de las personas Físicas es un impuesto directo que grava las rentas obtenidas a lo largo del ejercicio económico por las personas físicas y empresas dentro del territorio nacional.

En el caso de los empresarios autónomos deberán liquidar su IRPF del mismo modo que las empresas constituidas como sociedad declaran el Impuesto de Sociedades, es decir, en ambos casos se liquidará un impuesto que grave sus beneficios. Estos beneficios para el autónomo se gravan a través del Impuesto sobre la Renta.

Cada trimestre el autónomo está obligado a realizar una liquidación provisional del IRPF, de este modo Hacienda obliga a declarar el total de las facturas emitidas descontando los gastos justificables para posteriormente cargar un porcentaje sobre el beneficio obtenido.

En el caso del IRPF, al igual que para el IVA, encontramos los dos regímenes de estimación ya conocidos por el lector: régimen de estimación directa y régimen de estimación objetiva (para los autónomos en módulos). Para cada uno de ellos se deberán presentar diferentes modelos que aportarán diferente información.

NOTA: en el capítulo siguiente se analizarán otros modelos de IRPF que liquidarán retenciones practicadas a trabajadores, alquileres, retenciones que nos hayan practicado a nosotros en prestaciones de servicios, etc.

3.1 ESTIMACIÓN DIRECTA

En este Régimen se utilizarán como base los ingresos y los gastos obtenidos por el empresario a lo largo del trimestre para obtener un beneficio sobre el que tributar. Es importante destacar que si el empresario tributa en IVA en estimación directa también deberá tributar en IRPF en el mismo Régimen. Es por ello que los requisitos y mínimos establecidos para el IVA (ver capítulo relativo al IVA) son los mismos que para el IRPF.

En el caso del IRPF los modelos que se deberán presentar y sus requisitos son los siguientes:

- **Modelo 130**: se trata del modelo que se utilizará para la liquidación trimestral del IRPF. Se deberá presentar este modelo bien a través de formulario, o bien a través de autoliquidación telemática en las siguientes fechas:

  - Primer trimestre - Entre el 1 y el 20 de abril.

  - Segundo trimestre - Entre el 1 y el 20 de julio.

  - Tercer trimestre - Entre el 1 y el 20 de octubre.

  - Cuarto trimestre - Entre el 1 y el 31 de enero.

- **Modelo D-100**: además de los pagos fraccionados, el autónomo deberá presentar otra declaración anual de IRPF (declaración de la renta) en la que se incluirán los rendimientos anuales de sus actividades económicas. Se presentará desde el 2 de mayo hasta el 30 de junio del año siguiente al ejercicio que se está declarando.

3.1.1 Modelo 130

Modelo que recoge el pago fraccionado del IRPF para el autónomo, se trata por tanto de un pago a cuenta que se le hace a la Agencia Tributaria y que será compensado a la hora de realizar la declaración de la renta.

Para presentar este modelo puede optar por cumplimentar el formulario que facilita la propia Agencia Tributaria y enviarlo físicamente en papel, o por realizar una presentación telemática vía Internet (para lo que necesitará un certificado electrónico).

> **NOTA**: este modelo no será obligatorio de presentar en el caso en que el titular de la actividad esté obligado a incluir un porcentaje de retención en sus facturas y supere el 70% de retenciones en todos sus ingresos, es decir, cuando al menos el 70% de las facturas hayan sido objeto de retención.

Del tipo que sea su presentación, los datos a plasmar y la información que se recoge es la misma. Nosotros mostraremos al lector las diferentes casillas que componen los formularios que presenta la Agencia Tributaria y que son válidos para cualquier tipo de presentación en cuanto a su contenido.

Recordaremos brevemente al lector la forma de acceder a dicha plataforma de descarga dentro de la página web de la Agencia Tributaria (*www.aeat.es*):

1. Seleccionar la opción **Modelos y Formularios** situada en la columna derecha de la pantalla.

2. Seleccionar el tipo de impuesto que se desea liquidar; en nuestro caso elegiremos el Impuesto sobre la Renta de las Personas Físicas.

3. Dentro del listado de formularios debemos seleccionar el Modelo 130.

4. En la siguiente pantalla es donde el usuario podrá seleccionar la presentación a través del formulario de descarga o a través de certificado electrónico.

    Para poder visualizar las partes y contenido del modelo vamos a seleccionar la opción **Descarga del modelo**.

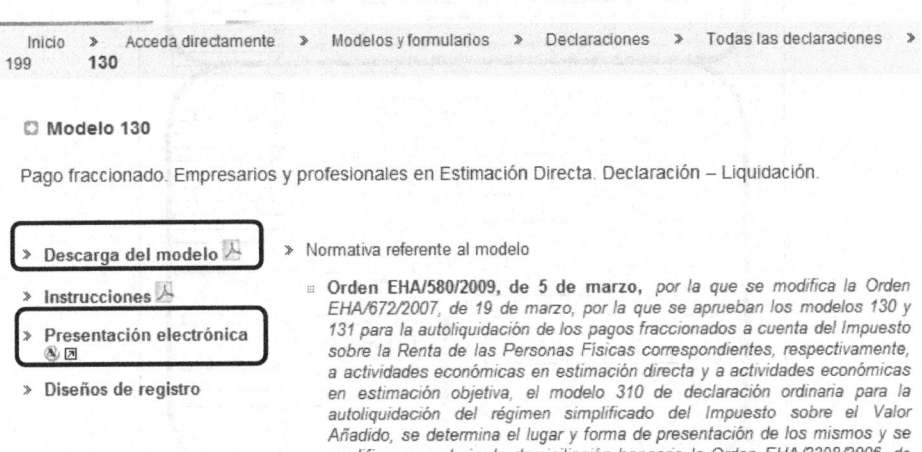

Inicio ❯ Acceda directamente ❯ Modelos y formularios ❯ Declaraciones ❯ Todas las declaraciones ❯ 199 **130**

▢ Modelo 130

Pago fraccionado. Empresarios y profesionales en Estimación Directa. Declaración – Liquidación.

❯ **Descarga del modelo** 🅰

❯ Instrucciones 🅰

❯ **Presentación electrónica** 🔖 ⊠

❯ Diseños de registro

❯ Normativa referente al modelo

⁞ **Orden EHA/580/2009, de 5 de marzo**, *por la que se modifica la Orden EHA/672/2007, de 19 de marzo, por la que se aprueban los modelos 130 y 131 para la autoliquidación de los pagos fraccionados a cuenta del Impuesto sobre la Renta de las Personas Físicas correspondientes, respectivamente, a actividades económicas en estimación directa y a actividades económicas en estimación objetiva, el modelo 310 de declaración ordinaria para la autoliquidación del régimen simplificado del Impuesto sobre el Valor Añadido, se determina el lugar y forma de presentación de los mismos y se modifica en materia de domiciliación bancaria la Orden EHA/3398/2006, de 26 de octubre.* (BOE, 12-marzo-2009) ▤⊟⊠

El Modelo 130 se divide fundamentalmente en tres apartados:

- Datos identificativos.

- Liquidación en función a la actividad del autónomo (cuenta con dos apartados, uno para las actividades económicas generales y otro para las actividades agrícolas, ganaderas o forestales).

- Resultado y cierre de la liquidación.

Estos apartados contienen diferentes grupos de casillas que serán las que el empresario deberá completar con los datos numéricos que contenga.

A continuación explicaremos cada uno de estos grupos de casillas para aclarar cual deberá ser el contenido de las mismas.

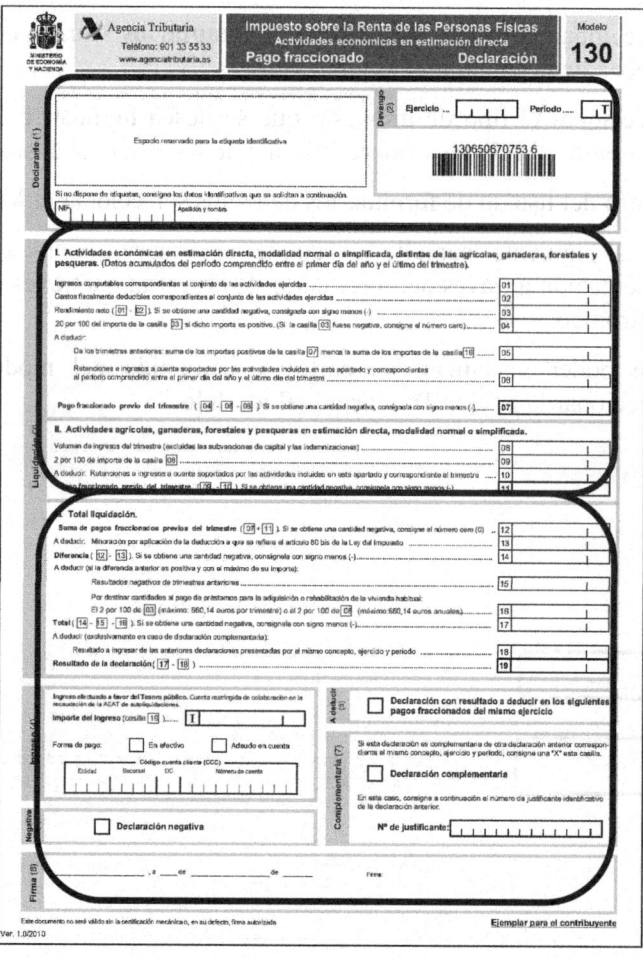

3.1.1.1 DATOS IDENTIFICATIVOS

La primera parte del formulario se compone de los datos propios del empresario autónomo:

- **Ejercicio**: deberá indicar el año que se está liquidando en este momento.

- **Período**: anotar el trimestre que se está liquidando. Se indicará con un dígito el trimestre correspondiente y seguidamente se anotará una "T" que indicará liquidación trimestral.

- **NIF**: indicando los dígitos y la letra correspondiente.

- **Apellidos o Razón Social**: será el nombre del empresario autónomo.

3.1.1.2 LIQUIDACIÓN

En este apartado se realizará el cálculo del denominado rendimiento neto de la actividad para aplicar el porcentaje de beneficio a declarar. El porcentaje a utilizar para el ejercicio del 2012 será el 20% del citado rendimiento neto para las actividades económicas generales (si hubiera resultado positivo), en el caso de las actividades agrícolas, ganaderas o forestales baja a un 2% pero aplicable únicamente a los ingresos obtenidos por la actividad sin incluir las subvenciones recibidas.

Las casillas que componen este apartado son las siguientes:

- **Casilla 01**: en esta casilla se deberán totalizar todos los ingresos obtenidos por todas las actividades llevadas a cabo por el autónomo. Es importante destacar que se computarán las bases imponibles y en ningún caso se tomarán los impuestos aplicados en las facturas como ingreso.

  El Modelo 130 es un modelo acumulativo, esto es, para el cálculo de cada trimestre (tanto en ingresos como en gastos y deducciones) se tendrán en cuenta los datos de los trimestres anteriores. No se calculará cada trimestre de forma aislada, sino de forma global y conjunta. Así, si nos encontramos, por ejemplo, en el segundo trimestre a liquidar, en este apartado correspondiente a los ingresos debemos sumar los anotados en el primer trimestre con los declarados en el segundo.

- **Casilla 02**: en esta casilla se deberán totalizar todos los gastos que se consideren fiscalmente deducibles acumulados hasta el momento de la liquidación.

  Tendrán la consideración de gastos fiscalmente deducibles todos aquellos que resulten imputables a la actividad económica que se desempeñe y por la que se haya solicitado el alta, además deberán estar incluidos en el ejercicio que se esté liquidando. También tendrán la consideración de gasto las amortizaciones realizadas por inmovilizados afectos a la actividad desarrollada; en este sentido, se tendrán que realizar los cálculos oportunos a las fechas comprendidas desde el primer día del año hasta el último día del trimestre a liquidar.

Para finalizar, tendrán también que sumarse a los gastos los denominados "Gastos de difícil justificación", que permitirán al autónomo deducir un 5% sobre la diferencia obtenida entre ingresos y gastos.

- **Casilla 03**: se trata del denominado rendimiento neto previo y se obtendrá por diferencia entre ingresos y gastos, es decir, entre las casillas 01 y 02. Tal y como nos confirma el modelo, en caso de obtener un resultado negativo se deberá anotar con citado signo.

- **Casilla 04**: si la casilla anterior (03) ha resultado positiva se calculará un 20% del importe obtenido, en caso de haber resultado negativa se anotará un 0.

- **Casilla 05**: se indicarán en esta casilla la totalidad de los pagos a cuenta realizados en los trimestres anteriores, es decir, todas las cantidades positivas resultantes de las liquidaciones anteriores se sumarán para deducir en este momento estas cantidades previamente anticipadas a la Agencia Tributaria.

- **Casilla 06**: en este campo se harán constar todas las retenciones practicadas en las facturas emitidas y que por lo tanto han sido soportadas por el empresario a lo largo del ejercicio económico, es decir, todas aquellas facturas cobradas en las que se haya practicado retención.

- **Casilla 07**: a esta casilla se la denomina pago fraccionado previo puesto que se realizará la diferencia entre el rendimiento neto previo calculado en la casilla 04, menos las cantidades anotadas a deducir en la casilla 05 y en la casilla 06. Si la cantidad resultara negativa se anotará con el mismo signo.

3.1.1.3 EJERCICIO PRÁCTICO

Proponemos en este punto un ejemplo práctico para que el lector vaya tomando contacto con los cálculos que deberá realizar para obtener este pago fraccionado previo.

Luz María Fernández Salgado, titular de una actividad de enseñanza en materias regladas diversas (epígrafe 826), presenta la siguiente información para la elaboración del Modelo 130 durante el segundo trimestre del año:

- Durante el primer trimestre declaró un total de 22.340 € en concepto de ingresos, 6.980 € en concepto de gastos y 3.351 € en concepto de retenciones practicadas en sus facturas emitidas (15%).

- El total de ingresos para el segundo trimestre asciende a 18.900 €, siendo las retenciones el 15% de los mismos.

- Los gastos que presenta en el trimestre ascienden a:

  - Cuota de autónomos mensual: 254,21 €.

  - Gasto en teléfono e Internet mensual: 45 €.

  - Gasto por un curso que ha realizado en otra entidad: 1.500 €.

  - Gasto en asesoría laboral mensual: 50 €.

Solución:

1. Para completar el Modelo 130 lo primero que debemos realizar es la parte correspondiente a la identificación del autónomo.

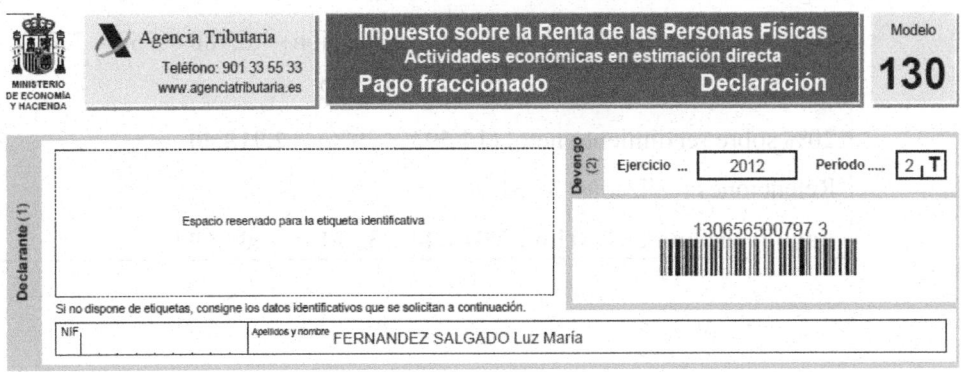

2. Seguidamente completaremos las casillas correspondientes a la liquidación con los datos aportados:

   – **Casilla 01**: total ingresos del ejercicio hasta el último día del segundo trimestre → 22.340 + 18.900 = **41.240 €** (primer y segundo trimestre sumados).

   – **Casilla 02**: total en gastos → 6.980 + (762,63 + 135 + 1500 + 150) = **9.527,63 €**.

Gastos del primer trimestre.	Gastos del segundo trimestre. Aquellos gastos mensuales se han multiplicado por 3.

   Antes de completar el rendimiento neto previo en la casilla 03, sumamos a los gastos el 5% de difícil justificación:

   41.240 – 9.527,63 = 31.712,37 × 5% = **1.585,61 €**

   Sumamos gastos + 5% de difícil justificación:

   9.527,63 + 1.585,61 =**11.113,24 €** de gastos.

   – **Casilla 03**: rendimiento neto→ 41.240 – 11.113,24 = **30.126,76 €**.

   – **Casilla 04**: 20% del rendimiento neto→ 30126,76 × 20% = **6.025,35 €**.

   – **Casilla 05**: importe de los pagos a cuenta realizados. En nuestro caso debemos averiguar el importe pagado en el primer trimestre para anotarlo aquí como deducción.

Ingresos 1º trim.: 22.340
Gastos 1º trim.: (6980 + 5% difícil justificación) = 6.980 + 768 = 7.748
Rendimiento neto: (22.340 – 7.748) = 14.592
20% sobre rendimiento neto: (14.592 × 20%) = **2.918,40**
Retenciones realizadas: 3.351
Pago fraccionado 1º trim.: 2.918,40 – 3.351 = – 432,60 €

Al tratarse de un resultado negativo no se anotará nada en la casilla 05, puesto que no se han realizado pagos a cuenta en los trimestres anteriores.

— **Casilla 06**: importe correspondiente a las retenciones practicadas hasta la fecha final del trimestre: $3.351 + 2.835 = $ **6.186 €**.

— **Casilla 07**: pago fraccionado: $6.025,35 - 0 - 6.186 = $ **−160,65 €**.

I. Actividades económicas en estimación directa, modalidad normal o simplificada, distintas de las agrícolas, ganaderas, forestales y pesqueras. (Datos acumulados del período comprendido entre el primer día del año y el último del trimestre).		
Ingresos computables correspondientes al conjunto de las actividades ejercidas	01	41.240,00
Gastos fiscalmente deducibles correspondientes al conjunto de las actividades ejercidas	02	11.113,24
Rendimiento neto (01 - 02). Si se obtiene una cantidad negativa, consígnela con signo menos (-)	03	30.126,76
20 por 100 del importe de la casilla 03 si dicho importe es positivo. (Si la casilla 03 fuese negativa, consigne el número cero).........	04	6.025,35
A deducir:		
De los trimestres anteriores: suma de los importes positivos de la casilla 07 menos la suma de los importes de la casilla 16	05	
Retenciones e ingresos a cuenta soportados por las actividades incluidas en este apartado y correspondientes al período comprendido entre el primer día del año y el último día del trimestre	06	6.186,00
Pago fraccionado previo del trimestre (04 - 05 - 08). Si se obtiene una cantidad negativa, consígnela con signo menos (-)......	07	-160,65

Las casillas que completan el apartado de la liquidación **solamente** se deberán completar en caso de que el titular de la actividad estuviera acogido a los regímenes de agricultura, ganadería o actividades forestales. No obstante, aquellos que desarrollen actividades agrícolas, ganaderas o forestales, no estarán obligados a presentar pagos fraccionados si, en el año inmediatamente anterior, al menos el 70% de los ingresos de la explotación (sin contar las subvenciones recibidas) hubieran tenido retención de IRPF.

Las casillas que completan esta sección son las siguientes:

- **Casilla 08**: se indicará el conjunto de ingresos obtenidos excluidas las subvenciones de capital obtenidas y las posibles indemnizaciones recibidas.

- **Casilla 09**: este tipo de actividades quedarán gravadas con el 2% de los ingresos declarados.

- **Casilla 10**: suma de las retenciones practicadas en las facturas emitidas a terceros.

- **Casilla 11**: se restará el rendimiento neto obtenido en la casilla 09 menos las retenciones anotadas en la casilla 10.

II. Actividades agrícolas, ganaderas, forestales y pesqueras en estimación directa, modalidad normal o simplificada.

Volumen de ingresos del trimestre (excluidas las subvenciones de capital y las indemnizaciones)	08
2 por 100 de importe de la casilla 08	09
A deducir: Retenciones e ingresos a cuenta soportados por las actividades incluidas en este apartado y correspondiente al trimestre	10
Pago fraccionado previo del trimestre (09 - 10). Si se obtiene una cantidad negativa, consignela con signo menos (-)	11

3.1.1.4 RESULTADO Y CIERRE

Este bloque final recogerá la suma de todos los pagos a cuenta que se deban realizar, menos algunas minoraciones que según las características de la actividad realizada corresponderá aplicar o por el contrario quedarán a cero.

Este apartado contiene las siguientes casillas:

- **Casilla 12**: suma de los pagos a cuenta de todas las actividades realizadas, tanto en actividades agrícolas, ganaderas y forestales como en el resto. En caso de resultar negativa se indicará con un cero.

- **Casilla 13**: para el ejercicio 2011-2012 esta casilla permanecerá inactiva hasta nueva normativa. En ejercicios anteriores se recogía la deducción de los 400 € prorrateados por trimestres hasta finalizar el ejercicio económico.

- **Casilla 14**: diferencia obtenida entre las casillas 12 y 13.

- **Casilla 15**: se trata de la suma de todos los resultados negativos obtenidos en los trimestres anteriores y acumulados hasta la fecha. Estas cantidades solo se podrán deducir en caso de haber obtenido una cantidad positiva en la casilla anterior.

- **Casilla 16**: esta casilla permitirá una deducción de un máximo de 440 € en caso de que el préstamo se haya solicitado a partir del 01/01/2011 (con un límite de ingresos de 22.000 €) y de un máximo de 660,14 € si el préstamo ha sido solicitado con anterioridad a citada fecha (con un límite de ingresos de 33.007,20 €). En caso de incumplir alguno de estos requisitos esta casilla será nula.

Si el autónomo cumple las exigencias establecidas para esta deducción, calculará el 2% del rendimiento neto obtenido bien en las actividades generales, o bien en los ingresos de las actividades agrícolas, ganaderas o forestales.

- **Casilla 17**: resultado obtenido en la casilla 14 menos las deducciones planteadas en la casilla 15 y 16, si se dieran. Si el resultado fuera negativo indicar el signo de forma clara.

- **Casilla 18**: de cumplimentación exclusiva en caso de declaraciones complementarias presentadas.

- **Casilla 19**: resultado final de la declaración.

III. Total liquidación.

Suma de pagos fraccionados previos del trimestre (07 + 11). Si se obtiene una cantidad negativa, consigne el número cero (0)	12
A deducir: Minoración por aplicación de la deducción a que se refiere el artículo 80 bis de la Ley del Impuesto	13
Diferencia (12 - 13). Si se obtiene una cantidad negativa, consígnela con signo menos (-)	14
A deducir (si la diferencia anterior es positiva y con el máximo de su importe):	
Resultados negativos de trimestres anteriores	15
Por destinar cantidades al pago de préstamos para la adquisición o rehabilitación de la vivienda habitual:	
El 2 por 100 de 03 (máximo: 660,14 euros por trimestre) o el 2 por 100 de 08 (máximo:660,14 euros anuales)	16
Total (14 - 15 - 16). Si se obtiene una cantidad negativa, consígnela con signo menos (-)	17
A deducir (exclusivamente en caso de declaración complementaria):	
Resultado a ingresar de las anteriores declaraciones presentadas por el mismo concepto, ejercicio y período	18
Resultado de la declaración (17 - 18)	19

Las casillas de cierre del modelo son similares a todos los modelos anteriormente comentados:

- **Casilla "I"**: para anotar el pago a cuenta a realizar en caso de resultado positivo. Se deberá indicar también la forma de pago y la cuenta corriente de cargo en caso de haber seleccionado adeudo en cuenta.

- **Declaración negativa**: se marcará esta casilla con una cruz cuando se obtenga un pago fraccionado previo negativo, como ejemplo nos puede servir el que acabamos de mostrar en páginas anteriores (Luz María Fernández Salgado).

- **A deducir**: esta casilla se marcará con una cruz cuando el resultado final de la declaración (casilla 19) tenga un resultado negativo. Este caso podrá darse cuando existan varias minoraciones o deducciones a aplicar después del pago fraccionado previo obtenido en la casilla 07 o en la casilla 11, dependiendo de la actividad. Recordamos al lector que en caso de obtener un resultado negativo en estas casillas se indicará un cero en la casilla 12, pero si existieran más minoraciones o deducciones el resultado final quedará negativo y no cero.

- **Declaración complementaria**: en caso de estar completando una declaración complementaria a otra anterior perteneciente al mismo ejercicio y período, se anotará el número de justificante de la declaración a la que se completa.

- **Fecha y firma**: datos obligatorios para poder presentar la declaración de forma completa.

3.1.1.5 EJEMPLO PRÁCTICO

Eleuterio Marquínez Soto es titular autónomo de una actividad de asesoría legal como abogado (epígrafe 731) y presenta la siguiente información para completar el Modelo 130 correspondiente al IRPF del tercer trimestre del año:

- Durante el primer trimestre del año los ingresos totales ascendieron a 19.800 € y los gastos totales (incluido el 5% de difícil justificación) 2.890 €. Todas sus facturas emitidas incluían un 15% de retención en concepto de IRPF.

- Durante el segundo trimestre del año los ingresos totales ascendieron a 6.700 € y los gastos totales (incluido el 5% de difícil justificación) a 580 €.

- Durante el tercer trimestre los ingresos totales ascendieron a 13.400 € y los gastos totales a 980 € (incluido el 5% de difícil justificación).

Realizaremos los cálculos convenientes para los tres trimestres del año y completaremos el Modelo 130 correspondiente al tercer trimestre que nos ocupa.

Solución:

- **Primer trimestre**:

  Ingresos. 19.800

  Gastos. 2.890

  Rendimiento neto. (19.800 – 2.890) = 16.910

  20% sobre rendimiento neto. **3.382**

  A deducir:

  Retenciones realizadas. (15% × 19.800) = **2.970**

  Pago fraccionado previo = (3.382 – 2970) = **412 €**

- **Segundo trimestre**:

  Ingresos. (19.800 + 6.700) = 26.500

  Gastos. (2.890 + 580) =3.470

  Rendimiento neto. (26.500 – 3.470) = 23.030

  20% sobre rendimiento neto. **4.606**

  A deducir:

  Pagos a cuenta realizados. 412

  Retenciones realizadas. 2.970 + (15% × 6.700) = 3.975

  Pago fraccionado previo = (4.606 – 412 – 3.975) = **219 €**

- **Tercer trimestre**:

  Ingresos. (19.800 + 6.700 + 13.400) = 39.900

  Gastos. (2.890 + 580 + 980) =4.450

  Rendimiento neto. (39.900 – 4.450) = 35.450

  20% sobre rendimiento neto. **7.090**

  A deducir:

  Pagos a cuenta realizados. (412 + 219) = 631

  Retenciones realizadas. 2.970 + 1.005 + (15% × 13.400) = 5.985

  Pago fraccionado previo = (7.090 – 631 – 5.985) = **474 €**

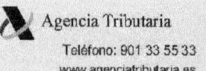

Agencia Tributaria	Impuesto sobre la Renta de las Personas Físicas	Modelo
Teléfono: 901 33 55 33	Actividades económicas en estimación directa	
www.agenciatributaria.es		**130**
MINISTERIO DE ECONOMÍA Y HACIENDA	Pago fraccionado Declaración	

Devengo (2) Ejercicio ... 2012   Período..... 3 T

Espacio reservado para la etiqueta identificativa

130654061170 4

Si no dispone de etiquetas, consigne los datos identificativos que se solicitan a continuación.

NIF | Apellidos y nombre MARQUÍNEZ SOTO, Eleuterio

I. Actividades económicas en estimación directa, modalidad normal o simplificada, distintas de las agrícolas, ganaderas, forestales y pesqueras. (Datos acumulados del período comprendido entre el primer día del año y el último del trimestre).

Ingresos computables correspondientes al conjunto de las actividades ejercidas	01	39.900,00
Gastos fiscalmente deducibles correspondientes al conjunto de las actividades ejercidas	02	4.450,00
Rendimiento neto (01 - 02). Si se obtiene una cantidad negativa, consígnela con signo menos (-)	03	35.450,00
20 por 100 del importe de la casilla 03 si dicho importe es positivo. (Si la casilla 03 fuese negativa, consigne el número cero)...	04	7.090,00
A deducir:		
De los trimestres anteriores: suma de los importes positivos de la casilla 07 menos la suma de los importes de la casilla 16	05	631,00
Retenciones e ingresos a cuenta soportados por las actividades incluidas en este apartado y correspondientes al período comprendido entre el primer día del año y el último día del trimestre	06	5.985,00
Pago fraccionado previo del trimestre (04 - 05 - 06). Si se obtiene una cantidad negativa, consígnela con signo menos (-)........	07	474,00

II. Actividades agrícolas, ganaderas, forestales y pesqueras en estimación directa, modalidad normal o simplificada.

Volumen de ingresos del trimestre (excluidas las subvenciones de capital y las indemnizaciones)	08	
2 por 100 de importe de la casilla 08	09	
A deducir: Retenciones e ingresos a cuenta soportados por las actividades incluidas en este apartado y correspondiente al trimestre	10	
Pago fraccionado previo del trimestre (09 - 10). Si se obtiene una cantidad negativa, consígnela con signo menos (-)	11	

III. Total liquidación.

Suma de pagos fraccionados previos del trimestre (07 + 11). Si se obtiene una cantidad negativa, consigne el número cero (0) ...	12	474,00
A deducir: Minoración por aplicación de la deducción a que se refiere el artículo 80 bis de la Ley del Impuesto	13	
Diferencia (12 - 13). Si se obtiene una cantidad negativa, consígnela con signo menos (-)	14	474,00
A deducir (si la diferencia anterior es positiva y con el máximo de su importe):		
Resultados negativos de trimestres anteriores	15	
Por destinar cantidades al pago de préstamos para la adquisición o rehabilitación de la vivienda habitual:		
El 2 por 100 de 03 (máximo: 660,14 euros por trimestre) o el 2 por 100 de 08 (máximo:660,14 euros anuales)............	16	
Total (14 - 15 - 16). Si se obtiene una cantidad negativa, consígnela con signo menos (-)..................................	17	474,00
A deducir (exclusivamente en caso de declaración complementaria):		
Resultado a ingresar de las anteriores declaraciones presentadas por el mismo concepto, ejercicio y período	18	
Resultado de la declaración (17 - 18)	19	474,00

Ingreso (4)

Ingreso efectuado a favor del Tesoro público. Cuenta restringida de colaboración en la recaudación de la AEAT de autoliquidaciones.

Importe del ingreso (casilla 19)...... I   474,00

Forma de pago: [X] En efectivo   [ ] Adeudo en cuenta

Código cuenta cliente (CCC)
Entidad | Sucursal | DC | Número de cuenta

A deducir (5)

[ ] Declaración con resultado a deducir en los siguientes pagos fraccionados del mismo ejercicio

Complementaria (7)

Si esta declaración es complementaria de otra declaración anterior correspondiente al mismo concepto, ejercicio y período, consigne una "X" esta casilla.

[ ] Declaración complementaria

En este caso, consigne a continuación el número de justificante identificativo de la declaración anterior.

Nº de justificante:

Negativa (6)

[ ] Declaración negativa

Firma (8)

Madrid , a 20 de Octubre de 2012   Firma:

Este documento no será válido sin la certificación mecánica o, en su defecto, firma autorizada

Ejemplar para el contribuyente

Ver. 1.0/2010

3.2 ESTIMACIÓN OBJETIVA (MÓDULOS)

En este Régimen por módulos ya no se tendrán como base los ingresos y gastos obtenidos a lo largo del ejercicio, sino que se tendrán que calcular los índices o cuota por módulos que para su actividad se establezca.

De la misma forma que para el IVA se realizaban este tipo de operaciones, para el IRPF se realizarán las operaciones similares aunque con algún pequeño detalle diferente. La base en los cálculos será la misma, los detalles legales en algunos aspectos variarán un poco.

En el caso del IRPF en estimación objetiva, los modelos que se deberán presentar y sus requisitos son los siguientes:

- **Modelo 131**: se trata del modelo que se utilizará para la liquidación trimestral del IRPF. Se deberá presentar este modelo bien a través de formulario o bien a través de autoliquidación telemática en las siguientes fechas:

  - Primer trimestre - Entre el 1 y el 20 de abril.

  - Segundo trimestre - Entre el 1 y el 20 de julio.

  - Tercer trimestre - Entre el 1 y el 20 de octubre.

  - Cuarto trimestre - Entre el 1 y el 31 de enero.

- **Modelo D-100**: además de los pagos fraccionados, el autónomo deberá presentar otra declaración anual de IRPF (declaración de la renta) en la que se incluirán los rendimientos anuales de sus actividades económicas. Se presentará desde el 2 de mayo hasta el 30 de junio del año siguiente al ejercicio que se está declarando.

3.2.1 Modelo 131

Modelo que recoge el pago fraccionado del IRPF para el autónomo en estimación objetiva o módulos, de forma, que como en el caso del Modelo 130, se trata de un pago a cuenta que se le hace a la Agencia Tributaria y que será compensado a la hora de realizar la declaración de la renta. Recordamos en este punto que todos aquellos profesionales que liquiden el IVA mediante estimación objetiva o módulos, también deberán liquidar su IRPF mediante el mismo régimen.

Para presentar este modelo puede optar por cumplimentar el formulario que facilita la propia Agencia Tributaria y enviarlo físicamente en papel, o por realizar una presentación telemática vía Internet (para lo que necesitará un certificado electrónico).

De cualquier forma, los datos a plasmar y la información que se recoge es la misma. Nosotros mostraremos al lector las diferentes casillas que componen los formularios que presenta la Agencia Tributaria y que son válidos para cualquier tipo de presentación en cuanto a su contenido, y también mostraremos los diferentes cálculos que se deberán realizar antes de plasmar el resultado en las casillas que corresponda.

Al igual que en el Modelo 130 la cumplimentación de la declaración pasará por diferentes fases, tanto en el cálculo como en los datos a plasmar:

- Datos identificativos.

- Liquidación en función a la actividad del autónomo (cuenta con dos apartados, uno para las actividades económicas generales y otro para las actividades agrícolas, ganaderas o forestales).

- Resultado y cierre de la liquidación.

Estos apartados contienen diferentes grupos de casillas, que serán las que el empresario deberá completar con los datos numéricos que contenga.

A continuación explicaremos cada uno de estos grupos de casillas para aclarar cuál deberá ser el contenido y cálculos de las mismas.

3.2.1.1 DATOS IDENTIFICATIVOS

La primera parte del formulario se compone de los datos propios del empresario autónomo:

- **Ejercicio**: deberá indicar el año que se está liquidando en este momento.

- **Período**: anotar el trimestre que se está liquidando. Se indicará con un dígito el trimestre correspondiente y seguidamente se anotará una "T" que indicará liquidación trimestral.

- **NIF**: indicando los dígitos y la letra correspondiente.

- **Apellidos o Razón Social**: será el nombre del empresario autónomo.

3.2.1.2 LIQUIDACIÓN

La liquidación en el Modelo 131 se organiza de forma más esquemática que en el caso del Modelo 130. Las casillas que componen este apartado se reducen simplemente a 2, donde se deberá anotar por un lado el denominado rendimiento neto de la actividad y, por otro, el resultado una vez aplicado el porcentaje que corresponda.

> **NOTA**: en la liquidación de IRPF por módulos se tiene que tener en cuenta que deberá utilizar para los cálculos el cuadro relativo al módulo, no para el IVA, sino para el IRPF. En el listado de módulos por epígrafes, se diferencian por un lado los relativos al impuesto sobre el valor añadido y, por otro lado, los relativos al impuesto sobre la renta.

En este sentido, daremos las pautas necesarias para llegar a obtener el denominado rendimiento neto de la actividad, puesto que será la primera casilla que se deba incluir en el apartado de la liquidación. En todo caso para continuar el orden estipulado en todos los epígrafes listaremos todas las casillas del modelo correspondientes a este bloque:

- **Actividad**: se deberá anotar el epígrafe del IAE de la actividad o módulo que corresponda.

- **Rendimiento neto de la actividad**: el rendimiento neto para cada actividad se obtendrá siguiendo el mismo procedimiento explicado para el cálculo de la denominada **Cuota devengada** en el IVA, es decir, debemos realizar el cálculo de cada uno de los conceptos que ocupe el módulo teniendo en cuenta sus características y particularidades. Dada la complejidad en el proceso de cálculo de este rendimiento neto abriremos un apartado especial para clarificar todas las fases que se deben seguir a tal fin.

MINISTERIO DE ECONOMIA Y HACIENDA	Agencia Tributaria Teléfono: 901 33 55 33 www.agenciatributaria.es	Impuesto sobre la Renta de las Personas Físicas Actividades económicas en estimación objetiva Pago fraccionado Declaración	Modelo **131**

Declarante (1)

Espacio reservado para la etiqueta identificativa

Devengo (2)

Ejercicio .. [| | |]   Período ..... [|T]

131667504366 1

Si no dispone de etiquetas, consigne los datos identificativos que se solicitan a continuación.

NIF [| | | | | | | | |]   Apellidos y nombre

I. Actividades económicas en estimación objetiva distintas de las agrícolas, ganaderas y forestales.

Actividad (epígrafe IAE)	Rendimiento neto de la actividad a efectos del pago fraccionado	Porcentaje aplicable	Resultado de aplicar el porcentaje correspondiente a cada actividad

Suma de rendimientos netos ... [01]

Pago fraccionado previo del trimestre: suma de resultados .... [02]

II. Actividades económicas en estimación objetiva distintas de las agrícolas, ganaderas y forestales, sin posibilidad de determinar ninguno de los datos-base a efectos del pago fraccionado.

Volumen de ventas o ingresos del trimestre (excluidas las subvenciones de capital y las indemnizaciones) .... [03]

Pago fraccionado previo del trimestre: el 2 por 100 del importe de la casilla [03] ...... [04]

III. Actividades agrícolas, ganaderas y forestales en estimación objetiva.

Volumen de ingresos del trimestre (excluidas las subvenciones de capital y las indemnizaciones) ..... [05]

Pago fraccionado previo del trimestre: el 2 por 100 del importe de la casilla [05] ...... [06]

IV. Total liquidación.

Suma de pagos fraccionados previos del trimestre ([02] + [04] + [06]) .... [07]

A deducir: Retenciones e ingresos a cuenta soportados correspondientes al trimestre .... [08]

Minoración por aplicación de la deducción a que se refiere el artículo 80 bis de la Ley del Impuesto [09]

Diferencia ([07] - [08] - [09]). Si se obtiene una cantidad negativa, consígnela con signo menos (-) ...... [10]

A deducir (si la diferencia anterior es positiva y con el máximo de su importe):

Resultados negativos de trimestres anteriores .... [11]

Por destinar cantidades al pago de préstamos para la adquisición o rehabilitación de la vivienda habitual:
La suma del 0,5 por 100 de [01] y del 2 por 100 de [03] , o el 2 por 100 de [05] (máximo: 660,14 euros anuales)........ [12]

Total([10] - [11] - [12]). Si se obtiene una cantidad negativa, consígnela con signo menos (-) ...... [13]

A deducir (exclusivamente en caso de declaración complementaria):

Resultado a ingresar de las anteriores declaraciones presentadas por el mismo concepto, ejercicio y período ...... [14]

Resultado de la declaración ([13] - [14]). Si se obtiene una cantidad negativa, consígnela con signo menos (-) ...... [15]

Ingreso (4)

Ingreso efectuado a favor del Tesoro público. Cuenta restringida de colaboración en la recaudación de la AEAT de autoliquidaciones.

Importe del ingreso (casilla [15]) I

Forma de pago: ☐ En efectivo   ☐ Adeudo en cuenta

Código cuenta cliente (CCC)
Entidad | Sucursal | DC | Número de cuenta

A deducir (5)
☐ Declaración con resultado a deducir en los siguientes pagos fraccionados del mismo ejercicio

Complementaria (7)
Si esta declaración es complementaria de otra declaración anterior correspondiente al mismo concepto, ejercicio y período, consigne una "X" esta casilla.

☐ Declaración complementaria

En este caso, consigne a continuación el número de justificante identificativo de la declaración anterior.

Nº de justificante: [| | | | | | | | | | | |]

Negativa (6)
☐ Declaración negativa

Firma (8)
_____ , a ____ de _____ de _____   Firma:

Este documento no será válido sin la certificación mecánica o, en su defecto, firma autorizada

Ejemplar para el contribuyente

Ver. 1.0/2010

3.2.1.2.1   Fases para el cálculo del Rendimiento neto

1. En el caso del IRPF utilizaremos los mismos criterios utilizados en el IVA en cuanto a los conceptos que componen un módulo (mesas, longitud barra, superficie local, etc.). Solamente existe una variación en cuanto al criterio a seguir en cuanto al personal. En el caso del IRPF se diferencia claramente entre personal asalariado y personal no asalariado distinguiendo:

    — **Personal no asalariado**: será el empresario y también el cónyuge e hijos siempre que trabajen en la actividad en calidad de autónomos. Las horas de cómputo total serán 1800 horas anuales, aunque en aquellos supuestos en los que pueda acreditarse que, por causas objetivas, tales como incapacidad, pluralidad de actividades, etc., se realizan menos horas y se podrá establecer la proporción que corresponda.

        Si el cónyuge o hijos tienen la condición de no asalariados computarán al 50%, siempre y cuando el titular esté computando por entero.

    — **Personal asalariado**: será cualquier otra persona que trabaje en la actividad con contrato laboral. Las particularidades aplicadas al IVA serán de igual aplicación en este momento.

2. Una vez obtenido el rendimiento neto se deberán aplicar las minoraciones y reducciones que por ley corresponda, siendo de aplicación las que corresponda de las siguientes:

    — **Minoración por incentivos al empleo**: para poder practicar esta reducción se tendrá que analizar si entre el año en el que se está realizando el cálculo y el año inmediatamente anterior se han producido variaciones positivas en el número de trabajadores. Esta diferencia se calculará en función al número obtenido en el concepto "Personal asalariado". La minoración, por tanto, consistirá en multiplicar 0,4 sobre la diferencia anteriormente obtenida.

        Además de la anterior minoración se deberá aplicar, una vez imputado el 0,4%, al número de unidades de personal asalariado del año inmediatamente anterior, el porcentaje que corresponda en función a la tabla que sigue:

Tramo	Coeficiente
Hasta 1,00	0,10
Entre 1,01 a 3,00	0,15
Entre 3,01 a 5,00	0,20
Entre 5,01 a 8,00	0,25
Más de 8,00	0,30

Tabla 3.1. Minoración al empleo

Donde *Tramo* será la cantidad que debemos comparar con el obtenido en personal asalariado del año anterior.

NOTA: al finalizar todas las explicaciones sobre las minoraciones e índices correctores, se propondrán ejemplos prácticos para que pueda aplicar todo lo expuesto de forma directa.

— **Minoración por incentivos a la inversión**: se podrán deducir las cantidades que correspondan a amortización de los inmovilizados afectos a la empresa, tanto materiales como intangibles. Esta amortización se calculará multiplicando el valor de adquisición del bien por el porcentaje lineal que corresponda siguiendo la siguiente tabla:

Grupo	Descripción	Coeficiente lineal máximo	Período máximo
1	Edificios y otras construcciones	5%	40 años.
2	Útiles, herramientas, equipos para el tratamiento de la información y sistemas y programas informáticos	40%	5 años.
3	Batea	10%	12 años.
4	Barco	10%	25 años.
5	Elementos de transporte y resto de inmovilizado material	25%	8 años.
6	Inmovilizado intangible	15%	10 años.

Tabla 3.2. Minoración incentivos a la inversión

3. Para terminar el proceso se deberán aplicar los índices correctores que correspondan en función a la actividad que se desempeña:

— **Índice corrector para empresas de pequeña dimensión**: se aplicará un porcentaje estipulado en el caso de empresas que cumplan los siguientes requisitos: el titular será una persona física sin asalariados, ejercerá la actividad en un solo local y no dispondrá de ningún vehículo de más de 1.000 Kg de capacidad carga afecto a la actividad.

En función a los habitantes de la población en la que se ubique la actividad se aplicará el siguiente índice:

Población del municipio	Índice
Hasta 2.000 habitantes.	0,70
De 2.001 hasta 5.000 habitantes	0,75
Más de 5.000 habitantes	0,80

Tabla 3.3. Indice corrector pequeña dimensión

Si todos los requisitos se cumplieran pero el titular tuviera hasta 2 asalariados se podrá aplicar el índice 0,90 independientemente del municipio de la actividad.

– **Índice corrector de temporada**: para no repetir conceptos, hacemos referencia en este punto, al índice corrector de temporada explicado en el IVA en régimen de estimación objetiva puesto que sigue las mismas directrices.

– **Índice corrector por inicio de nuevas actividades**: este índice no será aplicable en el caso de actividades de temporada. Se aplicará en todas aquellas actividades que comiencen su actividad y que, además, cumplan los siguientes requisitos: que sean actividades con comienzo posterior al 1 de enero de 2011 y que no se hayan ejercido anteriormente bajo otra titularidad. Podrán aplicar los índices correctores que se muestran en la tabla:

En caso de discapacidad del titular en un porcentaje superior al 33% los índices quedarán para el primer año en 0,60 y el segundo año en 0,70.

Ejercicio	Índice
Primero.	0,80
Segundo.	0,90

Tabla 3.4. Índice corrector por inicio de nuevas actividades

3.2.1.2.2   Ejemplos prácticos

En este apartado mostraremos diferentes ejemplos prácticos en los que se muestre el procedimiento a seguir en las minoraciones y casos especiales explicados para el cálculo del rendimiento neto.

A- Luis Delgado Pérez regenta una chocolatería (epígrafe 676) en Barcelona desde el 1 de junio del año 2008. La información sobre el personal que nos facilita es la siguiente:

- A lo largo del año 2011 trabajan junto al titular en la actividad tres trabajadores de 17, 21 y 22 años realizando la jornada completa establecida por convenio. También trabajan con contrato laboral la esposa del titular pero a media jornada.

- A lo largo del año 2012 todos los empleados continúan trabajando en la actividad y, además, a comienzos de año se contrata a un empleado nuevo mayor de edad a jornada completa y a un trabajador de 18 años a media jornada.

Actividad: Servicios en chocolaterías, heladerías y horchaterías.
Epígrafe I.A.E.: 676

Módulo	Definición	Unidad	Rendimiento anual por unidad antes de amortización Euros
1	Personal asalariado	Persona	2.418,67
2	Personal no asalariado	Persona	20.016,97
3	Potencia eléctrica	Kw. contratado	541,68
4	Mesas	Mesa	220,45
5	Máquinas tipo "A"	Máquina tipo "A"	806,23

NOTA: El rendimiento neto derivado de la aplicación de los signos o módulos anteriores, incluye, en su caso, el derivado de las actividades de elaboración de chocolates, helados y horchatas, el servicio al público de helados, horchatas, chocolates, infusiones, café y solubles, bebidas refrescantes, así como productos de bollería, pastelería, confitería y repostería que normalmente se acompañan para la degustación de los productos anteriores, y de máquinas de recreo tales como balancines, caballitos, animales parlantes, etc..., así como de la comercialización de loterías, siempre que se desarrollen con carácter accesorio a la actividad principal.

Averiguar y calcular la minoración por incentivos al empleo si tuviera lugar.

Solución:

1. Unidades del módulo personal asalariado del año 2011:

   - $1 + 1 + (1 \times 0,6) + 0,5 = 3,1$

2. Unidades del módulo personal asalariado del año 2012:

   - $3,1 + 1 + (1 \times 0,5 \times 0,6) = 4,4$

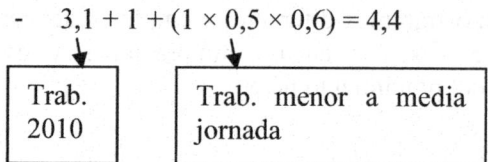

3. La diferencia en términos absolutos entre las personas asalariadas el año 2012 y el ejercicio inmediatamente anterior es positiva y con un incremento claro. De esta forma el incremento por personal asalariado sería el siguiente:

$$0,4 \times (4,4 - 3,1) = \mathbf{0,52}$$

4. Coeficiente por tramos: en este caso utilizaremos las unidades del módulo personal asalariado del ejercicio anterior al que se está liquidando, es decir, del año 2011 para nuestro ejemplo:

Tramo	Coeficiente
Hasta 1,00	0,10
Entre 1,01 a 3,00	0,15
Entre 3,01 a 5,00	0,20
Entre 5,01 a 8,00	0,25
Más de 8,00	0,30

Para el año 2011 las unidades del módulo personal asalariado ascendieron a 3,1 → 3,1 × 0,2 = **0,62**

5. Utilizando el coeficiente por tramos obtenido y el incremento sobre el personal asalariado podremos calcular la minoración por incentivos al empleo:

$$(0,52 + 0,62) \times 2.418,67 = \mathbf{2.757,28 €}$$

B- Carlos Aguado Santos regenta negocio de fontanería (epígrafe 504.2) en Gijón desde el 1 de mayo del año 2003. El titular liquida sus impuestos mediante estimación objetiva. Los inmovilizados con los que cuenta el titular son los siguientes:

- A 30 de diciembre del año 2011 adquirió diversa maquinaria para su trabajo como fontanero por 8.600 €. Adquirió también un vehículo nuevo para la actividad por 12.300 € y un equipo informático para su oficina por 670 €.

- El 1 de junio del año 2012 adquiere diversas herramientas para instalación de calderas de gas por 460 €.

Grupo	Descripción	Coeficiente lineal máximo	Período máximo
1	Edificios y otras construcciones	5%	40 años.
2	Útiles, herramientas, equipos para el tratamiento de la información y sistemas y programas informáticos	40%	5 años.
3	Batea	10%	12 años.
4	Barco	10%	25 años.
5	Elementos de transporte y resto de inmovilizado material	25%	8 años.
6	Inmovilizado intangible	15%	10 años.

Averiguar la cantidad a deducir por incentivos a la inversión.

Solución:

1. La minoración por incentivos a la inversión consistirá en calcular la amortización máxima de los inmovilizados afectos a la actividad para que la carga fiscal sea menor.

   - Maquinaria: $(8.600 \times 40\%) = 3.440$

   - Vehículo: $(12.300 \times 25\%) = 3.075$

   - Equipo informático: $(670 \times 40\%) = 268$

   - Herramientas: $(460 \times 7/12 \times 40\%) = 107,33$

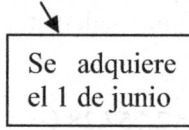

Se adquiere el 1 de junio

Una vez calculado el rendimiento neto de la actividad ya podremos completar las casillas del Modelo 131 y continuar el proceso. Ya hemos analizado las casillas correspondientes al epígrafe de la actividad y el rendimiento neto obtenido, siguiendo el orden del modelo nos encontraremos con las siguientes casillas:

- **Porcentaje aplicable**: cada pago trimestral en términos generales consistirá en el **4%** del rendimiento neto obtenido. En el supuesto de actividades que no tengan más de una persona asalariada el porcentaje será del **3%** y en el supuesto de no tener ninguna persona asalariada el porcentaje será del **2%**.

  No obstante, en el caso de no poder determinarse el porcentaje por no disponer de información o datos-base para ello se aplicará un 2% sobre el volumen de ingresos o ventas del trimestre.

– **Resultado**: se multiplicará el porcentaje indicado por el rendimiento neto anterior.

- **Casilla 01**: suma de los rendimientos netos de todas las actividades que se estén declarando.

- **Casilla 02**: suma de las casillas obtenidas al multiplicar el porcentaje aplicable por el rendimiento neto. Este será el pago fraccionado previo de la actividad o actividades señaladas.

- **Casilla 03**: esta casilla se completará únicamente cuando no dispongamos de datos base para calcular el rendimiento neto de la actividad a través de módulos. En ese caso se incluirá en este apartado el volumen total de ingresos o ventas del trimestre.

- **Casilla 04**: se calculará el 2% establecido sobre los ingresos anotados en la casilla anterior, si fuera el caso.

- **Casilla 05**: casilla exclusiva para las empresas en régimen de agricultura, ganadería o actividades forestales. Será el volumen total de ingresos del trimestre.

- **Casilla 06**: se calculará el 2% establecido sobre los ingresos anotados en la casilla anterior.

3.2.1.3 RESULTADO Y CIERRE

Este bloque final recogerá la suma de todos los pagos fraccionados que se deban realizar, menos algunas reducciones que según las características de la actividad realizada corresponda aplicar.

Este apartado contiene las siguientes casillas:

- **Casilla 07**: suma de los pagos fraccionados de todas las actividades realizadas, tanto en actividades agrícolas, ganaderas y forestales como en el resto.

- **Casilla 08**: en este campo se harán constar todas las retenciones practicadas en las facturas emitidas y que por lo tanto han sido soportadas por el empresario a lo largo del ejercicio económico, es decir, todas aquellas facturas cobradas en las que se haya practicado retención.

- **Casilla 09**: para el ejercicio 2011-2012 esta casilla permanecerá inactiva hasta nueva normativa. En ejercicios anteriores se recogía la deducción de los 400 € prorrateados por trimestres hasta finalizar el ejercicio económico.

- **Casilla 10**: diferencia obtenida entre las casillas 07, 08 y 09.

- **Casilla 11**: se trata de la suma de todos los resultados negativos obtenidos en los trimestres anteriores y acumulados hasta la fecha. Estas cantidades solo se podrán deducir en caso de haber obtenido una cantidad positiva en la casilla anterior.

- **Casilla 12**: esta casilla permitirá una deducción de un máximo de 440 € en caso de que el préstamo se haya solicitado a partir del 01/01/2011 (con un límite de ingresos de 22.000 €) y de un máximo de 660,14 € si el préstamo ha sido solicitado con anterioridad a citada fecha (con un límite de ingresos de 33.007,20 €). En caso de incumplir alguno de estos requisitos esta casilla será nula.

  Si el autónomo cumple las exigencias establecidas para esta deducción, calculará el 2% del rendimiento neto obtenido bien en las actividades generales, o bien en los ingresos de las actividades agrícolas, ganaderas o forestales.

- **Casilla 13**: resultado obtenido en la casilla 10 menos las deducciones planteadas en la casilla 11 y 12 si se dieran. Si el resultado fuera negativo indicar el signo de forma clara.

- **Casilla 14**: de cumplimentación exclusiva en caso de declaraciones complementarias presentadas.

- **Casilla 15**: resultado final de la declaración.

Las casillas de cierre del modelo son similares a todos los modelos anteriormente comentados:

- **Casilla "I"**: para anotar el pago a cuenta a realizar en caso de resultado positivo. Se deberá indicar también la forma de pago y la cuenta corriente de cargo en caso de haber seleccionado adeudo en cuenta.

- **Declaración negativa**: se marcará esta casilla con una cruz cuando se obtenga un pago fraccionado previo negativo, como ejemplo nos puede servir el que acabamos de mostrar en páginas anteriores (Luz María Fernández Salgado).

- **A deducir**: esta casilla se marcará con una cruz cuando el resultado final de la declaración (casilla 15) tenga un resultado negativo. Este caso podrá darse cuando existan varias minoraciones o deducciones a aplicar después del pago fraccionado previo obtenido en la casilla 07.

- **Declaración complementaria**: en caso de estar completando una declaración complementaria a otra anterior perteneciente al mismo ejercicio y período. Se anotará el número de justificante de la declaración a la que se completa.

- **Fecha y firma**: datos obligatorios para poder presentar la declaración de forma completa.

3.2.1.4 EJEMPLO PRÁCTICO

El autónomo Mariano González Huerto, titular de una actividad de cerrajería en Madrid (epígrafe 505.5) se encuentra acogido al régimen simplificado de IVA por lo que tributa por módulos.

Los datos base de la actividad facilitados por el contribuyente a 1 de enero de 2011 son los siguientes:

- Tiene afecto a la actividad un vehículo de potencia fiscal 20 CVF adquirido en marzo del año 2000.

- Trabajan en la actividad: el titular y 2 empleados de 16 y 20 años respectivamente efectuando la jornada completa conforme el convenio colectivo del sector.

A finales del año 2012 nos comunica la siguiente información:

- Todos los trabajadores permanecen en la empresa junto al titular y además contrata a 2 empleados de 24 y 26 años, a jornada completa durante 6 meses.

- El 1 de agosto adquiere una maquinaria nueva para la actividad con la que instalar cierres automáticos por 3.900 €.

Determinar el importe del pago fraccionado que se deberá realizar el cuarto trimestre del año 2012 y cumplimentar el Modelo 131 correspondiente a la actividad.

Actividad: Carpintería y cerrajería. Epígrafe I.A.E.: 505.5			
Módulo	Definición	Unidad	Rendimiento anual por unidad antes de amortización Euros
1	Personal asalariado	Persona	6.689,12
2	Personal no asalariado	Persona	19.154,07
3	Potencia fiscal vehículo	CVF	144,87

Solución:

1. Calcular el rendimiento neto previo (unidades del módulo).

    – Personal asalariado: $(1 + 0,6 + (2 \times 6/12)) = 2,6 \times 6.689,12 = 17.391,71$

    – Personal no asalariado: $1 \times 19.154,07 = 19.154,07$

    – Potencia fiscal vehículo: $1 \times 20 \times 144,87 = 2.897,4$

    Rendimiento neto previo = $17.391,71 + 19.154,07 + 2.897,4 =$ **39.443,18 €**.

2. Calcular el rendimiento neto minorado.

    – Incentivos al empleo:

    Año 2011 → $1 + 0,6 = 1,6$

    Año 2012 → $1 + 0,6 + (2 \times 6/12) = 2,6$

Por cuota: $0,4 \times (2,6 - 1,6) = 0,4$

Por tramos: $1,6 \times 0,15 = 0,24$

Total: $(0,4 + 0,24) \times 6.689,12 =$ **4.281,04**

– Incentivos a la inversión:

Amortización vehículo: ya finalizada.

Amortización maquinaria: $3.900 \times 5/12 \times 40\% =$ **650**

– Rendimiento neto minorado $= 39.443,18 - 4.281,04 - 650 =$ **34.512,14 €**.

3. Calcular el rendimiento neto tras los índices correctores: en este caso no corresponde ningún índice corrector, ni de temporada, ni de pequeña empresa, etc. Los requisitos de la empresa no cumplen las directrices marcadas por estas reducciones.

4. Cumplimentar las casillas del modelo una vez calculado el rendimiento neto de la actividad:

   – **Casilla 01**: total rendimiento neto = 34.512,14 €.

   – **Casilla 02**: suma de resultados: 1.380,49.

   – **Casilla 07**: dado que ninguna de las casillas anteriores se ha tenido que cumplimentar el resultado se repite = 1.380,49.

   – **Casilla 10**: no nos informan de retenciones practicadas en facturas del trimestre luego el resultado será el mismo = 1.380,49.

   – **Casilla 13**: sin minoraciones = 1.380, 49.

   – **Casilla 15**: resultado de la liquidación = **1.380,49 €**.

   – **Casilla "I"**: al tratarse de un importe positivo se deberá abonar la cantidad indicada a través de la forma de pago seleccionada.

   – **Fecha y firma**.

Agencia Tributaria
Teléfono: 901 33 55 33
www.agenciatributaria.es

MINISTERIO DE ECONOMÍA Y HACIENDA

Impuesto sobre la Renta de las Personas Físicas
Actividades económicas en estimación objetiva
Pago fraccionado   **Declaración**

Modelo **131**

Declarante (1)

Espacio reservado para la etiqueta identificativa

Devengo (2)   Ejercicio ... | 2012 | Período ..... | 4 | T |

131672178705 3

Si no dispone de etiquetas, consigne los datos identificativos que se solicitan a continuación.

| NIF | | Apellidos y nombre   GONZÁLEZ HUERTO Mariano |

Liquidación (3)

I. Actividades económicas en estimación objetiva distintas de las agrícolas, ganaderas y forestales.

Actividad (epígrafe IAE)	Rendimiento neto de la actividad a efectos del pago fraccionado	Porcentaje aplicable		Resultado de aplicar el porcentaje correspondiente a cada actividad
505.5	34.512,14	4%		1.380,49

| Suma de rendimientos netos... | 01 | 34.512,14 | | | |

Pago fraccionado previo del trimestre: suma de resultados .... | 02 | 1.380,49 |

II. Actividades económicas en estimación objetiva distintas de las agrícolas, ganaderas y forestales, sin posibilidad de determinar ninguno de los datos-base a efectos del pago fraccionado.

Volumen de ventas o ingresos del trimestre (excluidas las subvenciones de capital y las indemnizaciones)......................... | 03 | |

Pago fraccionado previo del trimestre: el 2 por 100 del importe de la casilla 03 ... | 04 | |

III. Actividades agrícolas, ganaderas y forestales en estimación objetiva.

Volumen de ingresos del trimestre (excluidas las subvenciones de capital y las indemnizaciones) ...... | 05 | |

Pago fraccionado previo del trimestre: el 2 por 100 del importe de la casilla 05 ... | 06 | |

IV. Total liquidación.

Suma de pagos fraccionados previos del trimestre (02 + 04 + 06) .... | 07 | 1.380,49 |

A deducir: Retenciones e ingresos a cuenta soportados correspondientes al trimestre .... | 08 | |

Minoración por aplicación de la deducción a que se refiere el artículo 80 bis de la Ley del Impuesto ... | 09 | |

Diferencia (07 - 08 - 09). Si se obtiene una cantidad negativa, consígnela con signo menos (-) ..... | 10 | 1.380,49 |

A deducir (si la diferencia anterior es positiva y con el máximo de su importe):

Resultados negativos de trimestres anteriores .... | 11 | |

Por destinar cantidades al pago de préstamos para la adquisición o rehabilitación de la vivienda habitual:
La suma del 0,5 por 100 de 01 y del 2 por 100 de 03 , o el 2 por 100 de 05 (máximo: 660,14 euros anuales)............ | 12 | |

Total(10 - 11 - 12). Si se obtiene una cantidad negativa, consígnela con signo menos (-) .... | 13 | 1.380,49 |

A deducir (exclusivamente en caso de declaración complementaria):

Resultado a ingresar de las anteriores declaraciones presentadas por el mismo concepto, ejercicio y período .... | 14 | |

Resultado de la declaración (13 - 14). Si se obtiene una cantidad negativa, consígnela con signo menos (-) .... | 15 | 1.380,49 |

Ingreso (4)

Ingreso efectuado a favor del Tesoro público. Cuenta restringida de colaboración en la recaudación de la AEAT de autoliquidaciones.

Importe del ingreso (casilla 15) ...... I | 1.380,49 |

Forma de pago: [X] En efectivo   [ ] Adeudo en cuenta

Código cuenta cliente (CCC)
| Entidad | Sucursal | DC | Número de cuenta |

A deducir (5)

[ ] Declaración con resultado a deducir en los siguientes pagos fraccionados del mismo ejercicio

Complementaria (7)

Si esta declaración es complementaria de otra declaración anterior correspondiente al mismo concepto, ejercicio y período, consigne una "X" esta casilla.

[ ] Declaración complementaria

En este caso, consigne a continuación el número de justificante identificativo de la declaración anterior.

Nº de justificante: | |

Negativa (6)

[ ] Declaración negativa

Firma (8)

_____ Madrid _____ , a _20_ de _Enero_ de _2013_   Firma:

Este documento no será válido sin la certificación mecánica o, en su defecto, firma autorizada
Ver. 1.0/2010

Ejemplar para el contribuyente

Capítulo 4

OTRAS DECLARACIONES

Una vez desglosados los principales modelos de liquidación de IVA e IRPF que deberá utilizar el autónomo para tributar por su actividad, mostraremos a continuación otra serie de modelos que, en ocasiones, y dependiendo de las circunstancias, también deberá presentar en las fechas adecuadas.

Destacamos, pues, el carácter no obligatorio de estas declaraciones puesto que solamente se presentarán cuando concurran las circunstancias que a continuación desgranamos, en caso contrario no deberán completarse.

4.1 RETENCIÓN DE OTRAS RENTAS

Analizaremos en este epígrafe los modelos que se deberán presentar en el caso de actuar de intermediarios con la Agencia Tributaria practicando retenciones a trabajadores, a otras empresas, etc. Es decir, en este caso no se trata de IRPF que el empresario deba recibir, sino de un IRPF que el empresario ha "custodiado" y retenido a otros y que en este momento debe entregar a la Agencia Tributaria.

4.1.1 Modelo 111

Este modelo deberá presentarse por todos aquellos empresarios que, a lo largo de un trimestre, tengan retenciones sobre rendimientos del trabajo, actividades económicas, premios y determinadas ganancias patrimoniales.

La presentación podrá realizarse bien de forma física, en papel pre-impreso, adquiriendo el formulario en las oficinas de la Agencia Tributaria, bien a través de un formulario que pone a disposición del autónomo la página web de

Hacienda, o bien de forma telemática en caso de disponer de certificado electrónico correspondiente.

Este modelo, que refunde el modelo antiguo 110 y 111, se presentará de forma trimestral en los 20 primeros días del mes siguiente al vencimiento del trimestre, es decir:

- Primer trimestre - Entre el 1 y el 20 de abril.

- Segundo trimestre - Entre el 1 y el 20 de julio.

- Tercer trimestre - Entre el 1 y el 20 de octubre.

- Cuarto trimestre - Entre el 1 y el 20 de enero.

Para poder explicar cada uno de los apartados que compone el modelo a presentar en la Agencia Tributaria utilizaremos la página web de Hacienda y el formulario que pone a disposición de todos los usuarios, recordamos brevemente los pasos a seguir:

1. Abrir la página web de la Agencia Tributaria: *www.aeat.es*

2. Seleccionar la opción **Modelos y Formularios** situada en la columna derecha de la pantalla.

3. Seleccionar **Impuesto sobre la Renta de las Personas Físicas**.

4. Abrir el Modelo 111.

5. Seleccionar **Formulario**.

El Modelo 111 se compone de siete apartados fundamentales, tal y como veremos en el formulario mostrado:

- Datos del empresario.

- Rendimientos del trabajo.

- Rendimientos de actividades económicas.

- Premios por la participación en juegos.

- Ganancias patrimoniales.

- Contraprestaciones por la cesión de derechos de imagen.

- Cierre del documento.

Estos apartados contienen diferentes grupos de casillas que serán las que el empresario deberá completar con los datos numéricos que contenga. A continuación explicaremos cada uno de estos grupos de casillas para aclarar cual deberá ser el contenido de las mismas.

4.1.1.1 DATOS DEL EMPRESARIO

La primera parte del formulario se compone de los datos propios del empresario autónomo:

- **NIF**: indicando los dígitos y la letra correspondiente.

- **Período**: se trata de utilizar el desplegable propuesto para seleccionar el trimestre que se está liquidando.

- **Apellidos o Razón Social**: será el nombre del empresario autónomo.

- **Ejercicio de devengo**: deberá indicar el año que se está liquidando en este momento.

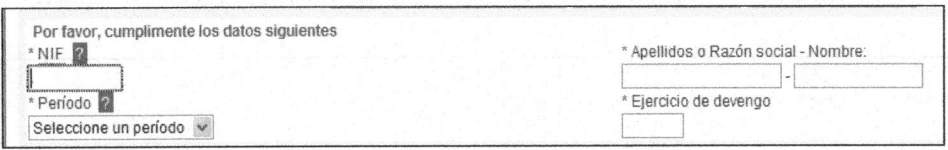

4.1.1.2 RENDIMIENTOS DEL TRABAJO

Se consideran rendimientos del trabajo las contraprestaciones, dinerarias o en especie, que deriven de una forma directa o indirecta, del trabajo personal o de la relación laboral establecida y que no provengan de actividades económicas. En este sentido se considerarán, por tanto, rendimientos del trabajo:

- Los sueldos abonados a los trabajadores.

- Las prestaciones por desempleo.

- Las dietas, asignaciones para viajes y gastos de representación.

- Las aportaciones a planes de pensiones.

- Las cantidades cobradas por cursos, conferencias o seminarios.

- Las becas que no estén exentas de tributar.

Todas estas rentas cuentan con una retención de IRPF que el titular de la actividad retiene y que posteriormente debe presentar en Hacienda. Pues bien, será a través de este Modelo 111, desde el que declarará todas estas rentas retenidas y pendientes de liquidar.

Las casillas que se deben completar en este apartado son las siguientes:

- **Casilla 01**: se trata de anotar el número de personas físicas a las que se les ha practicado retención de rentas a través de cualquiera de las vías señaladas anteriormente.

- **Casilla 02**: será la base imponible de todas las percepciones a las que se les ha practicado retención.

- **Casilla 03**: retención practicada totalizada sobre la base imponible anotada en la casilla anterior.

- **Casilla 04**: número de perceptores con rentas en especie.

- **Casilla 05**: base imponible de las rentas en especie con retención practicada.

- **Casilla 06**: importe de las retenciones practicadas por rentas en especie.

I. Rendimientos del trabajo
Rendimientos dinerarios

Número de perceptores	Importe de las percepciones	Importe de las retenciones
[01]	[02]	[03]

Rendimientos en especie

Número de perceptores	Valor percepciones en especie	Importe de los ingresos a cuenta
[04]	[05]	[06]

4.1.1.3 RENDIMIENTOS DE ACTIVIDADES ECONÓMICAS

Se consideran rendimientos de actividades económicas todos los procedentes del trabajo personal, siempre que suponga para el contribuyente el uso y ordenación por cuenta propia de los medios de producción y recursos humanos.

Lo que se liquida a efectos de IRPF en este apartado será el impuesto retenido en todas aquellas facturas pagadas por el profesional en sus compras o prestaciones de servicios solicitadas a terceros.

II. Rendimientos de actividades económicas
Rendimientos dinerarios

Número de perceptores	Importe de las percepciones	Importe de las retenciones
[07]	[08]	[09]

Rendimientos en especie

Número de perceptores	Valor percepciones en especie	Importe de los ingresos a cuenta
[10]	[11]	[12]

En este sentido las casillas son similares a las que se encuentran en el apartado relativo a los rendimientos del trabajo:

- **Casilla 07**: se trata de anotar el número de personas de las que se ha recibido factura con retención.

- **Casilla 08**: será la base imponible de todas las facturas que se han recibido con retención.

- **Casilla 09**: retención practicada totalizada sobre la base imponible anotada en la casilla anterior.

- **Casilla 10**: número de perceptores con rentas en especie.

- **Casilla 11**: base imponible de las facturas pagadas en especie con retención practicada.

- **Casilla 12**: importe de las retenciones practicadas por rentas en especie.

4.1.1.4 PREMIOS POR LA PARTICIPACIÓN EN JUEGOS

Este apartado recogerá todos aquellos premios que se entreguen por la participación en juegos, rifas, concursos, etc., tanto en dinero como en especie, estén o no estén vinculados a la promoción, oferta o venta de determinados bienes o servicios.

En este caso las casillas a rellenar son similares a los dos bloques anteriores y para no repetir el proceso se muestra solamente el apartado correspondiente del modelo.

III. Premios por la participación en juegos, concursos, rifas o combinaciones aleatorias

Premios dinerarios

Número de perceptores	Importe de las percepciones	Importe de las retenciones
[13]	[14]	[15]

Premios en especie

Número de perceptores	Valor percepciones en especie	Importe de los ingresos a cuenta
[16]	[17]	[18]

4.1.1.5 GANANCIAS PATRIMONIALES

Las ganancias patrimoniales a las que se refiere esta liquidación son aquellas que provienen de los beneficios obtenidos por el aprovechamiento forestal en montes públicos estarán también sujetas a retención.

La retención a practicar será del 18% y la distribución de las casillas y apartados se muestra igual que en los apartados anteriores.

IV. Ganancias patrimoniales derivadas de los aprovechamientos forestales de los vecinos en los montes públicos		
Percepciones dinerarias		
Número de perceptores	Importe de las percepciones	Importe de las retenciones
[19]	[20] ,	[21] ,
Percepciones en especie		
Número de perceptores	Valor percepciones en especie	Importe de los ingresos a cuenta
[22]	[23] ,	[24] ,

4.1.1.6 CONTRAPRESTACIÓN POR LA CESIÓN DE DERECHOS DE IMAGEN

Los rendimientos procedentes de la cesión del derecho a la explotación de la imagen estarán también sujetos a retención y se deberá indicar, en este caso, por un lado el número total de personas físicas sometidas al régimen especial de imputación de rentas por la cesión de derechos de imagen y, por otro lado, se indicará la suma de las contraprestaciones (en dinero o en especie, en este modelo no se diferencian ambas) satisfechas por el declarante durante el trimestre por el mismo concepto y su correspondiente retención (casillas 25, 26 y 27).

V. Contraprestaciones por la cesión de derechos de imagen,ingresos a cuenta previstos en el artículo 92.8 de la Ley del Impuesto		
Contrapartidas dinerarias o en especie		
Número de perceptores	Contraprestaciones satisfechas	Importe de los ingresos a cuenta
[25]	[26] ,	[27] ,

4.1.1.7 CIERRE DEL DOCUMENTO

Para finalizar el formulario se debe completar el total de la liquidación (casilla 28) sumando todas las retenciones practicadas por los diferentes conceptos indicados anteriormente. A este total calculado se podrán restar o deducir las cantidades anotadas en concepto de declaraciones complementarias (casilla 29) realizadas por el mismo concepto, período y ejercicio. El resultado final de la liquidación se indicará en la casilla 30, restando las cantidades anotadas en la casilla 28 y 29.

Total liquidación
Suma de las retenciones e ingresos a cuenta: ([03]+[06]+[09]+[12]+[15]+[18]+[21]+[24]+[27]) [28]   ,
A deducir(exclusivamente en caso de autoliquidación complementaria):
Resultado a ingresar de la anterior o anteriores autoliquidaciones por el mismo concepto, ejercicio y período [29]   ,
* Resultado a ingresar ([28]-[29]) [30]   ,

A cumplimentar sólo en el caso de declaración complementaria
Si esta predeclaración es **Complementaria** de otra autoliquidación anterior correspondiente al mismo concepto, ejercicio y período, indíquelo marcando esta casilla. ☐
En este caso, consigne a continuación el **Número de justificante de la declaración anterior**
Nº de justificante:

Seleccione el tipo de Declaración

Resultado Positivo
○ A ingresar
Resultado cero /sin actividad
○ Resultado cero /sin actividad

Una vez completadas todas las casillas necesarias del modelo, el cierre del mismo se compone de dos apartados finales:

- **Declaración complementaria**: este apartado se rellenará exclusivamente cuando la declaración que se esté presentando sea una liquidación complementaria de otra autoliquidación anterior. En casi afirmativo se activará la casilla de verificación disponible para posteriormente indicar el número de justificante de la declaración a la que complementa, es decir, la declaración anterior.

- **Tipo de declaración**: se deberá marcar el botón de opción correspondiente indicando si se trata de una liquidación positiva o a pagar o de una declaración con resultado cero.

  Si se indica la opción resultado positivo, se deberá completar con el número de cuenta de cargo para el pago final. Este apartado se abrirá automáticamente en el aparte inferior una vez indicada la opción comentada.

4.1.1.8 EJEMPLO PRÁCTICO

Lisset Marquílla Díez con NIF 02.777.562-N trabaja como autónoma realizando colaboraciones con otras empresas para la elaboración de calzado de madera de forma artesanal (epígrafe 456.5). La información que presenta al finalizar el segundo trimestre del año 2012 para la elaboración del Modelo 111 es la siguiente:

- El día 1 de mayo contrata a un trabajador a jornada completa por tres meses para que la ayude en las tareas de transporte y carga de la mercancía. A este empleado le pagará 980 € en dinero y 90 € en especie cada mes. La retención practicada en las nóminas de este trabajador será del 2%.

- El 4 de mayo paga a un asesor fiscal una factura por 340 € (importe bruto). En esta factura figura una retención del 15%.

- El 12 de junio le llega una factura de un arquitecto con los siguientes datos: base imponible dineraria por 1.200 €. Base imponible en especie por 150 €. Retención del 15%.

- El 30 de junio se entrega un premio en metálico de 100 €. La retención practicada es del 18%.

Solución:

Abriremos el formulario correspondiente dentro de la página web de la Agencia Tributaria y completaremos las siguientes casillas:

- **Casillas identificativas**: en primer lugar, anotaremos los datos identificativos del empresario y el trimestre y ejercicio que se desea liquidar.

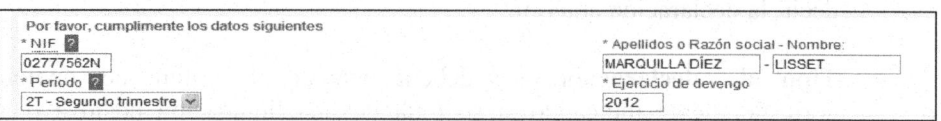

- **Rendimientos del trabajo**: en este apartado debemos consignar las nóminas pagadas a lo largo del trimestre a los trabajadores de alta en dicho período.

  - **Casilla 01**: perceptores solamente será 1, puesto que solamente existe un trabajador de alta.

  - **Casilla 02**: base imponible de las percepciones dinerarias; será la suma de las nóminas de los dos meses (mayo y junio) que ocupan el trimestre que se está liquidando → (980 × 2) = 1.960.

  - **Casilla 03**: retenciones practicadas sobre las dos nóminas anotadas anteriormente → 1.960 × 2% = 39,2.

  - **Casilla 04**: perceptores de rendimientos en especie también será el único trabajador de la empresa.

  - **Casilla 05**: base imponible de las percepciones en especie a lo largo de los dos meses del trimestre que nos ocupa → (90 × 2) = 180.

  - **Casilla 06**: retenciones practicadas sobre las retribuciones recibidas en especie→ 180 × 2% = 3,6.

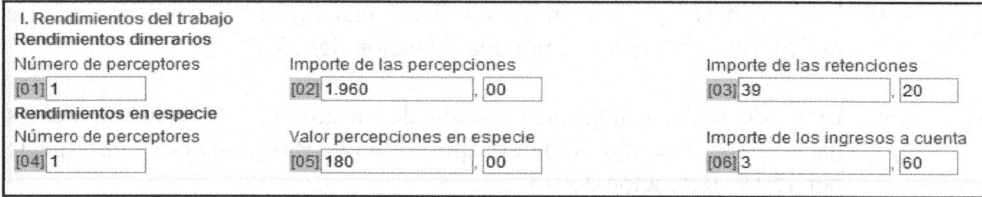

- **Rendimientos de actividades económicas**: en este apartado debemos consignar las facturas pagadas a lo largo del trimestre a los profesionales con los que se haya trabajado.

  - **Casilla 07**: perceptores dinerarios serán 2 (asesor fiscal y arquitecto).

- **Casilla 08**: base imponible de las facturas pagadas en dinero a los dos perceptores→ 340 + 1.200 = 1.540.

- **Casilla 09**: importe de las retenciones de las dos facturas anotadas en la casilla anterior → 1.540 × 15% = 231.

- **Casilla 10**: perceptores en especie será 1 (arquitecto).

- **Casilla 11**: base imponible de las facturas pagadas en especie al perceptor anterior → 150.

- **Casilla 12**: importe de la retención en especie→ 150 × 15% = 22,50.

II. Rendimientos de actividades económicas		
Rendimientos dinerarios		
Número de perceptores	Importe de las percepciones	Importe de las retenciones
[07] 2	[08] 1.540 , 00	[09] 231 , 00
Rendimientos en especie		
Número de perceptores	Valor percepciones en especie	Importe de los ingresos a cuenta
[10] 1	[11] 150 , 00	[12] 22 , 50

- **Premios**: en este apartado debemos consignar los premios entregados por juegos, rifas, etc.

  - **Casilla 19**: perceptores dinerarios serán 1.

  - **Casilla 20**: base del premio → 100.

  - **Casilla 21**: retención practicada al premio → 100 × 18% = 18.

  - **Casillas 22**, **23** y **24**: quedarán vacías puesto que a lo largo del trimestre no se informa de premios entregados en especie.

III. Premios por la participación en juegos, concursos, rifas o combinaciones aleatorias		
Premios dinerarios		
Número de perceptores	Importe de las percepciones	Importe de las retenciones
[13] 1	[14] 100 , 00	[15] 18 , 00
Premios en especie		
Número de perceptores	Valor percepciones en especie	Importe de los ingresos a cuenta
[16]	[17] ,	[18] ,

No existen más percepciones que anotar por lo que se procederá al cierre y cálculo de la liquidación:

- **Casilla 28**: suma de las retenciones anotadas en las casillas anteriores (casillas 03, 06, 09, 12 y 15) → 314,30.

- **Casilla 29**: cero, puesto que no existe ninguna declaración complementaria realizada sobre ésta.

- **Casilla 30**: resultado de la liquidación →**314,30 €**.

- **A ingresar**: se marcará este botón de opción puesto que el importe final ha resultado positivo. En el apartado inferior se indicará la cuenta corriente de cargo.

- Validar y generar PDF.

4.1.2 Modelo 190

Este modelo es el resumen anual de retenciones e ingresos a cuenta, en el que quedarán plasmados todos los rendimientos del trabajo, de actividades económicas, premios y determinadas ganancias patrimoniales de renta, del año completo. Todos aquellos autónomos que hayan presentado en alguno de sus trimestres el Modelo 111, deberán entregar el resumen anual de todas estas rentas a través del Modelo 190.

Este modelo podrá presentarse en papel o de forma telemática. Si se presenta en papel impreso el plazo para realizarlo será los primeros veinte días naturales del mes de enero de cada año, sin embargo, si el papel impreso ha sido generado a través del formulario desarrollado por la Agencia Tributaria o mediante el Programa de Ayuda del mismo organismo el plazo se alarga hasta el día 31 de enero de cada año.

La presentación telemática de este Modelo 190 deberá realizarse entre el 1 y el 31 de enero de cada año, tanto para presentaciones vía telemática por Internet como para presentaciones enviadas por teleproceso y presentaciones en soporte directamente legible por ordenador (CD-R).

La forma de descargar este modelo para su presentación (al margen de adquirir el formulario en papel en la propia Agencia Tributaria), es similar y sigue los mismos pasos explicados para los modelos anteriores, una vez dentro de la página de la Agencia Tributaria, deberá buscar el modelo correspondiente y seleccionar la opción "Descarga del modelo".

Este modelo consta de una hoja resumen (que se muestra en la página siguiente) y de unas hojas interiores con el detalle de las percepciones que se están declarando.

NOTA: cuando en las hojas interiores se hayan anotado más de 15 registros o apuntes no se admitirá la presentación en impreso.

El modelo, por tanto, se divide en dos bloques fundamentales que contienen sus particularidades y casillas propias:

- Hoja resumen.

- Hojas interiores.

En los siguientes epígrafes detallaremos el contenido de cada uno de los módulos anteriores para clarificar los registros que componen el modelo.

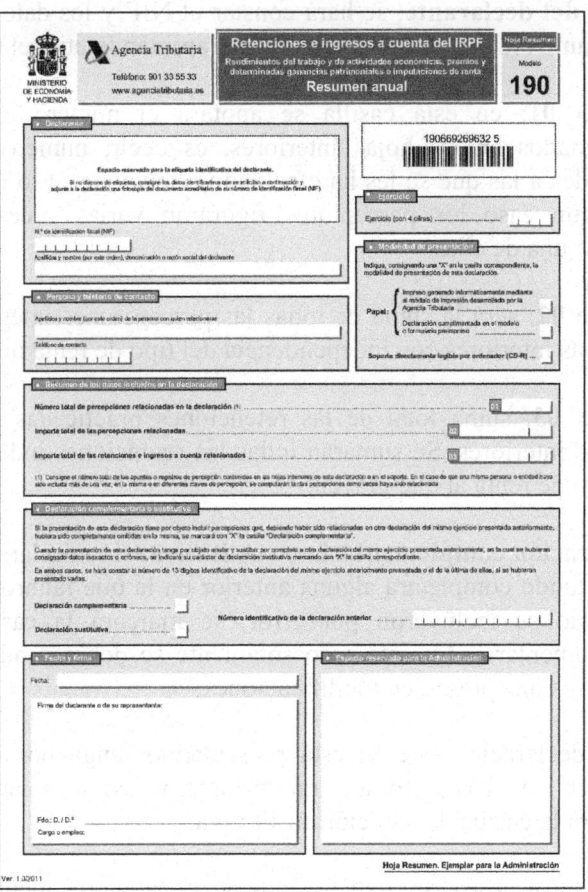

4.1.2.1 HOJA RESUMEN

Esta portada recoge, como su propio nombre indica, un breve resumen de todas las rentas liquidadas a lo largo del año en cualquiera de sus conceptos. Las casillas que se deberán completar en esta primera página son las siguientes:

- **Ejercicio**: será el año sobre el que se está recogiendo el resumen de rentas.

- **Modalidad de presentación**: se deberá indicar con una cruz la modalidad en la que se está presentando este resumen; marcando si el modelo se ha adquirido en papel o si el formulario ha sido descargado desde la página de la Agencia Tributaria. También se podrá indicar la presentación a través de soporte directamente legible por ordenador.

- **Datos del declarante**: se hará constar el NIF y los datos personales del declarante bien de forma escrita o bien aportando etiqueta identificativa.

- **Casilla 01**: en esta casilla se anotará el número total de apuntes consignados en las hojas interiores, es decir, número de personas o entidades a las que se les ha efectuado retenciones a lo largo del año. Si en algún caso los perceptores figuraran varias veces, solamente se contará una de ellas.

- **Casilla 02**: será la suma de todas las percepciones íntegras anotadas en las hojas interiores con independencia del tipo de renta que se grave.

- **Casilla 03**: suma total de las retenciones practicadas anotadas en las casillas interiores. Se sumarán todas las retenciones independientemente del tipo de renta al que graven.

- **Declaración complementaria o sustitutiva**: si la declaración que se está presentando completara alguna anterior en la que faltaron datos o por el contrario se incluyeron por error, se marcará la casilla declaración complementaria. En este caso solamente se deberán adjuntar las hojas interiores que presenten modificaciones.

  Si la declaración que se está presentando tenga por objeto anular y sustituir por completo a otra declaración en el mismo ejercicio se marcará la casilla declaración sustitutiva.

  En ambos casos se deberá indicar el número identificativo de la declaración anterior a la que se completa o sustituye.

- **Fecha y firma**: datos obligatorios para poder completar la presentación del modelo.

4.1.2.2 HOJAS INTERIORES

Las hojas interiores del Modelo 190 contendrán información detallada de cada apunte o registro anotado previamente en los trimestres anteriores vía Modelo 111. Se pretende con ello ofrecer una información más detallada de cada uno de los declarados a la Agencia Tributaria.

Las páginas que contiene el modelo son todas iguales y en ellas se recoge la misma información para cada perceptor. Resumimos a continuación los grupos de casillas de dichas hojas y el contenido que cada una de ellas deberá llevar impreso:

- **Datos identificativos**: en todas las hojas interiores se deberá hacer constar como cabecera el NIF del declarante, el ejercicio económico que se está liquidando y el número de hoja que se está cumplimentando. La numeración se indicará con el número de la hoja que se está rellenando y el número total de hojas de la declaración completa (por ejemplo, 1/4, 2/4, 3/4 y 4/4).

- **Datos identificativos del perceptor**: se hará constar el NIF del perceptor y del representante legal si fuera necesario. También se indicarán los apellidos y nombre del mismo y la provincia en la que se encuentra ubicado su domicilio social. Para este fin, el empresario cuenta con una tabla de claves en la que se muestran los dígitos que corresponden a cada una de las provincias españolas. Además de contar con una tabla de claves, es importante destacar que los dígitos que se deben hacer constar son los dos primeros que corresponden al código postal de dicha provincia.

ÁLAVA	.01	CÁCERES	10	GIRONA	17	LLEIDA	25	PALMAS, LAS	35	TERUEL	44
ALBACETE	.02	CÁDIZ	11	GRANADA	18	LUGO	27	PONTEVEDRA	36	TOLEDO	45
ALICANTE	.03	CANTABRIA	39	GUADALAJARA	19	MADRID	28	RIOJA, LA	26	VALENCIA	46
ALMERÍA	.04	CASTELLÓN	12	GUIPÚZCOA	20	MÁLAGA	29	SALAMANCA	37	VALLADOLID	47
ASTURIAS	33	CEUTA	51	HUELVA	21	MELILLA	52	S.C. TENERIFE	38	VIZCAYA	48
ÁVILA	.05	CIUDAD REAL	13	HUESCA	22	MURCIA	30	SEGOVIA	40	ZAMORA	49
BADAJOZ	06	CÓRDOBA	14	ILLES BALEARS	07	NAVARRA	31	SEVILLA	41	ZARAGOZA	50
BARCELONA	08	CORUÑA, A	15	JAÉN	23	OURENSE	32	SORIA	42		
BURGOS	09	CUENCA	16	LEÓN	24	PALENCIA	34	TARRAGONA	43		

- **Datos de la percepción**: en este grupo de casillas se indicarán las cantidades concretas retenidas y los conceptos por los cuales se practicó retención.

  - **Casilla Clave**: se deberá indicar la clave alfabética que corresponda al tipo de renta que se está liquidando. Existe una tabla de claves que facilita la Agencia Tributaria en las instrucciones del modelo, donde se podrá realizar la búsqueda de estas claves.

  - **Casilla Subclave**: en algunas de las claves anteriores existen subclaves que detallan aún más el tipo de retención.

  - **Percepciones dinerarias y en especie**: en estas casilla se hará constar, por un lado, el importe de cada una de las percepciones y, por otro, las retenciones practicadas o los ingresos a cuenta efectuados o repercutidos.

    En el caso de los ingresos a cuenta (valoraciones en especie) las casillas se desdoblan puesto que el profesional se podrá encontrar con ingresos a cuenta efectivamente ingresados por el pagador y que ahora se deban liquidar y, se podrá encontrar con ingresos a cuenta repercutidos al perceptor por el pagador.

  - **Ejercicio devengo**: esta casilla solamente deberá completarse cuando alguna de las percepciones indicadas corresponda a ejercicios anteriores.

  - **Rentas obtenidas en Ceuta o Melilla**: esta casilla se rellanará con un 1 cuando alguna de las rentas indicadas se haya liquidado por tratarse de rentas obtenidas en Ceuta o Melilla, en caso contrario deberá quedarse vacía.

  - **Datos adicionales**: estas casillas adicionales solamente deberán completarse en caso de tratarse de las claves de percepción A, B (con las subclaves 01 y 02), C y D. También se deberá tener en cuenta que solamente se rellenarán aquellos datos que el perceptor haya comunicado al declarante.

Los datos que se solicitan en este apartado son datos personales relativos a la edad de nacimiento, situación familiar, minusvalías, hijos y descendientes, etc. De ahí la importancia de que esta información deba ser facilitada de forma directa por el perceptor, en caso contrario quedarán todas las casillas vacías.

— **Totales**: por cada hoja interior se deberán ir totalizando tanto las percepciones anotadas (tanto las "Percepciones íntegras" como las "Valoraciones en especie") como las retenciones practicadas e ingresos a cuenta.

4.1.3 Certificado de retenciones

Todas las empresas y empresarios que hayan practicado algún tipo de retención, tienen la obligación de ingresar estas retenciones en Hacienda. Además de ello, se deberá completar el modelo denominado Certificado de Retenciones de IRPF.

De este modo lo que haremos es transcribir una copia de los datos indicados en el Modelo 190, donde constan las reseñas de las personas relacionadas, importes retenidos, ingresos a cuenta, etc.

Además el profesional deberá hacer llegar un certificado de retenciones a cada uno de los distintos perceptores antes de la puesta en marcha de la declaración de la renta (2 de abril), puesto que esta información será la que dichos contribuyentes deberán plasmar en su declaración anual de IRPF.

El Certificado de retenciones consta de 5 páginas donde se separan en cada una de ellas los diferentes rendimientos o rentas obtenidas por cada perceptor, de este modo se separan claramente los rendimientos del trabajo de los rendimientos de actividades económicas, etc. De esta forma un perceptor con rendimientos del trabajo solamente recibirá la primera página, y el de actividades económicas solamente recibirá la segunda. Así en todos los casos.

A modo de muestra, y dado que todas las páginas tienen conceptos similares, en la página siguiente se visualiza la primera página del Certificado de retenciones correspondiente a los rendimientos del trabajo.

Certificado de retenciones e ingresos a cuenta del Impuesto sobre la Renta de las Personas Físicas

Rendimientos del trabajo, dietas exceptuadas de gravamen y rentas exentas | **Datos correspondientes al ejercicio** [   ]

• Datos del perceptor

NIF [   ] Apellidos y nombre [   ]

• Datos de la persona o entidad pagadora

NIF [   ] Apellidos y nombre, denominación o razón social [   ]

• Rendimientos del trabajo: detalle de las percepciones y de las retenciones e ingresos a cuenta

Rendimientos correspondientes al ejercicio.

	Importe íntegro satisfecho	Retenciones practicadas
Retribuciones dinerarias	[ ]	[ ]

	Valoración	Ingresos a cuenta efectuados	Ingresos a cuenta repercutidos
Retribuciones en especie	[ ]	[ ]	[ ]

Contribuciones de la empresa o entidad pagadora a planes de pensiones, planes de previsión social empresarial o mutualidades de previsión social .... | Importe imputado al perceptor [   ]

Reducciones a que se refieren el artículo 18, apartados 2 y 3, y/o las disposiciones transitorias 11.ª y 12.ª de la Ley del Impuesto .... | Importe de las reducciones [   ]

Gastos fiscalmente deducibles a que se refiere el artículo 19.2 de la Ley del Impuesto .... | Importe de los gastos [   ]
(Cotizaciones a la Seguridad Social o a mutualidades generales obligatorias de funcionarios, detracciones por derechos pasivos y cotizaciones a Colegios de Huérfanos o entidades similares)

Rendimientos satisfechos en el ejercicio correspondientes a ejercicios anteriores (atrasos).

Se hace constar asimismo que, con independencia de las retribuciones anteriormente detalladas, en el ejercicio a que este certificado se refiere le han sido satisfechas al perceptor que figura en el encabezamiento otras cantidades en concepto de atrasos correspondientes a ejercicios anteriores cuyos datos, a efectos de lo dispuesto en el artículo 14.2.b) de la Ley del Impuesto, se desglosan como sigue:

Ejercicio de devengo	Importe íntegro satisfecho	Retenciones practicadas	Reducciones (art.º 18, 2 y 3, y DT 11.ª y 12.ª de la Ley del Impuesto)	Gastos deducibles (art.º 19.2 de la Ley del Impuesto)
[ ]	[ ]	[ ]	[ ]	[ ]
[ ]	[ ]	[ ]	[ ]	[ ]

Información de interés para el perceptor.- La percepción de cantidades en concepto de atrasos de rendimientos del trabajo dará lugar a la presentación de una declaración complementaria del IRPF por cada uno de los ejercicios a los que dichas cantidades se refieran, sin que dichas declaraciones complementarias comporten la exigencia de intereses de demora ni recargo alguno.

Cantidades reintegradas por el perceptor en el ejercicio por haber sido indebida o excesivamente percibidas en ejercicios anteriores (reintegros).

Se hace constar también que, con independencia de los rendimientos anteriormente detallados, el perceptor que figura en el encabezamiento ha reintegrado en el ejercicio a que este certificado se refiere las cantidades que a continuación se detallan, que fueron indebida o excesivamente percibidas en cada uno de los ejercicios que se indican. Asimismo, se hace constar el importe de las reducciones que, en su caso, correspondieron a dichas cantidades a efectos de determinar el tipo de retención en los respectivos ejercicios.

Ejercicio de percepción	Importe íntegro reintegrado	Reducciones que correspondieron
[ ]	[ ]	[ ]
[ ]	[ ]	[ ]

Información de interés para el perceptor.- El reintegro de cantidades incluidas en declaraciones del IRPF ya presentadas por el contribuyente, dará derecho a éste a solicitar de la Administración tributaria la rectificación de dichas declaraciones y, en su caso, la devolución de los ingresos indebidamente realizados en el Tesoro por esta causa, con arreglo a lo dispuesto en los artículos 120.3 y 221.4 de la Ley 58/2003, de 17 de diciembre, General Tributaria.

• Dietas exceptuadas de gravamen y rentas exentas del Impuesto

Importe satisfecho

Dietas y asignaciones para gastos de viaje, en las cuantías exceptuadas de gravamen del IRPF .... | [   ]
Rentas exentas del IRPF incluidas por la empresa o entidad pagadora en el resumen anual de retenciones e ingresos a cuenta (mod. 190) .... | [   ]

• Fecha y firma

Para que conste y sirva de justificante al interesado, en cumplimiento de lo dispuesto en el Reglamento del Impuesto sobre la Renta de las Personas Físicas, se expide la presente

En [   ] a [   ] de [   ] de [   ]

Firma y sello de la empresa o entidad pagadora

Fdo: D. / D.ª _____

La presente certificación deberá ser firmada por el retenedor, su apoderado o su representante

er. 1.0/2008

Todas las hojas del modelo siguen la misma estructura y contienen prácticamente las mismas casillas, las diferencias se encuentran en el tipo de rentas que se están anotando. En términos generales el certificado contiene:

- **Datos correspondientes al ejercicio**: año del certificado que se está emitiendo.

- **Datos del perceptor**: persona o entidad a la que se está practicando retención.

- **Datos de la persona o entidad pagadora**: persona o entidad que está reteniendo.

- **Detalle de las percepciones**: este apartado será variable dependiendo de la hoja o el tipo de rendimiento que se esté anotando.

NOTA: para no cargar y repetir conceptos se realizará un resumen de los apartados que componen este modelo puesto que todas sus casillas ya se han detallado en los epígrafes anteriores.

- **Rendimientos del trabajo**: esta página se compone de varios bloques de casillas. En un primer conjunto de casillas se indicará el importe de las retribuciones dinerarias y la valoración de las retribuciones en especie entregadas al perceptor. Además, se indicarán las retenciones correspondientes tanto a unos rendimientos como a otros.

  En el impreso que recoge los rendimientos del trabajo se muestra una casilla para incluir los gastos por seguridad social (cotizaciones) acumuladas por el perceptor a lo largo del año. Este dato podrá ser deducible por el mismo en su declaración de la renta.

  El siguiente bloque de casillas se utilizará en el caso de encontrar atrasos pagados al perceptor; se deberá indicar el ejercicio económico en el que se devengaron, la base imponible de las retenciones y las propias retenciones satisfechas.

- **Rendimientos de actividades económicas**: en esta página se detallarán los importes correspondientes a las contraprestaciones dinerarias y su valoración en especie pagados a la entidad correspondiente. Se acompañarán estos importes de las retenciones practicadas sobre citadas bases y los ingresos a cuenta efectuados o repercutidos, dependiendo el caso.

Es importante destacar que el modelo separa las diferentes actividades económicas del empresario, mostrando por un lado los rendimientos de actividades económicas, por otro lado las actividades agrícolas y ganaderas, actividades forestales y actividades empresariales en estimación objetiva.

— **Premios por la participación en juegos, concursos, rifas o combinaciones aleatorias**: esta página será más breve que las anteriores, puesto que solamente se solicitan los datos relativos a los importes entregados en concepto de premios en metálico o en especie y las retenciones e ingresos a cuenta correspondientes.

• Detalle de las percepciones y de las retenciones e ingresos a cuenta			
		Importe íntegro satisfecho	Retenciones practicadas
Premios en metálico			
	Valoración	Ingresos a cuenta efectuados	Ingresos a cuenta repercutidos
Premios en especie			

— **Ganancias patrimoniales de los vecinos derivadas de los aprovechamientos forestales en montes públicos**: igual que en la página anterior, los breves datos solicitados en esta página se resumen en, las cantidades entregadas en dinero o en especie por citados conceptos y las retenciones e ingresos a cuenta derivados.

— **Imputación de rentas por la cesión de derechos de imagen**: para cerrar el modelo se deberán anotar las rentas satisfechas en dinero o en especie y sus ingresos a cuenta efectuados por la cesión de derechos de imagen pagados.

NOTA: recuerde que no será necesario rellenar todas las páginas del modelo sino que solamente se deberán cumplimentar aquellas que contienen alguna de las rentas citadas y satisfechas para entregarlas al perceptor correspondiente.

• Contraprestaciones satisfechas e ingresos a cuenta efectuados		
		Importe íntegro satisfecho
Contraprestaciones dinerarias		
		Valoración
Contraprestaciones en especie		
		Importe
Ingresos a cuenta efectuados		

4.1.3.1 EJEMPLO PRÁCTICO

Gomero Pérez Sánchez regenta un negocio de enseñanzas diversas (epígrafe 826) en Valencia. En la actividad trabaja el titular y un trabajador a jornada completa desde el 4 de marzo del año 2008: Javier Killo Francisco con NIF 00.000.007-F.

La información con la que cuenta el titular para completar el certificado de retenciones correspondiente al año 2012 es la siguiente:

- El trabajador percibe mensualmente un rendimiento bruto de 1.450 € en dinero.

- Las cotizaciones a la Seguridad Social mensuales ascienden a 45,67 €.

- El IRPF que se aplica en cada nómina del trabajador es del 15%.

- No existen atrasos que liquidar.

Solución:

El titular de la actividad deberá enviar al trabajador antes de que comience la campaña de la declaración de la renta su certificado de retenciones. Al tratarse de un trabajador con rendimientos del trabajo se enviará la primera hoja completa del certificado de retenciones.

Para completar dicho certificado deberá indicar:

- **Datos del perceptor**: se anotarán los datos del trabajador, su NIF y apellidos y nombre.

- **Datos de la persona o entidad pagadora**: en este apartado figurará el titular de la actividad y sus datos identificativos.

Certificado de retenciones e ingresos a cuenta del Impuesto sobre la Renta de las Personas Físicas

Rendimientos del trabajo, dietas exceptuadas de gravamen y rentas exentas	Datos correspondientes al ejercicio

● Datos del perceptor

NIF	Apellidos y nombre
00000007F	KILLO FRANCISCO, JAVIER

● Datos de la persona o entidad pagadora

NIF	Apellidos y nombre, denominación o razón social
	PÉREZ SÁNCHEZ, GOMERO

● Rendimientos del trabajo: detalle de las percepciones y de las retenciones e ingresos a cuenta

Rendimientos correspondientes al ejercicio.

	Importe íntegro satisfecho	Retenciones practicadas
Retribuciones dinerarias	17.400	2.610

	Valoración	Ingresos a cuenta efectuados	Ingresos a cuenta repercutidos
Retribuciones en especie			

Contribuciones de la empresa o entidad pagadora a planes de pensiones, planes de previsión social empresarial o mutualidades de previsión social ....
Importe imputado al perceptor

Reducciones a que se refieren el artículo 18, apartados 2 y 3, y/o las disposiciones transitorias 11.ª y 12.ª de la Ley del Impuesto ....
Importe de las reducciones

Gastos fiscalmente deducibles a que se refiere el artículo 19.2 de la Ley del Impuesto ....
Importe de los gastos **548,04**
(Cotizaciones a la Seguridad Social o a mutualidades generales obligatorias de funcionarios,
detracciones por derechos pasivos y cotizaciones a Colegios de Huérfanos o entidades similares).

Rendimientos satisfechos en el ejercicio correspondientes a ejercicios anteriores (atrasos).

Se hace constar asimismo que, con independencia de las retribuciones anteriormente detalladas, en el ejercicio a que este certificado se refiere le han sido satisfechas al perceptor que figura en el encabezamiento otras cantidades en concepto de atrasos correspondientes a ejercicios anteriores cuyos datos, a efectos de lo dispuesto en el artículo 14.2.b) de la Ley del Impuesto, se desglosan como sigue:

Ejercicio de devengo	Importe íntegro satisfecho	Retenciones practicadas	Reducciones (art.º 18, 2 y 3, y DT 11.ª y 12.ª de la Ley del Impuesto)	Gastos deducibles (art.º 19.2 de la Ley del Impuesto)

Información de interés para el perceptor.- La percepción de cantidades en concepto de atrasos de rendimientos del trabajo dará lugar a la presentación de una declaración complementaria del IRPF por cada uno de los ejercicios a los que dichas cantidades se refieran, sin que dichas declaraciones complementarias comporten la exigencia de intereses de demora ni recargo alguno.

Cantidades reintegradas por el perceptor en el ejercicio por haber sido indebida o excesivamente percibidas en ejercicios anteriores (reintegros).

Se hace constar también que, con independencia de los rendimientos anteriormente detallados, el perceptor que figura en el encabezamiento ha reintegrado en el ejercicio a que este certificado se refiere las cantidades que a continuación se detallan, que fueron indebida o excesivamente percibidas en cada uno de los ejercicios que se indican. Asimismo, se hace constar el importe de las reducciones que, en su caso, correspondieron a dichas cantidades a efectos de determinar el tipo de retención en los respectivos ejercicios.

Ejercicio de percepción	Importe íntegro reintegrado	Reducciones que correspondieron

Información de interés para el perceptor.- El reintegro de cantidades incluidas en declaraciones del IRPF ya presentadas por el contribuyente, dará derecho a éste a solicitar de la Administración tributaria la rectificación de dichas declaraciones y, en su caso, la devolución de los ingresos indebidamente realizados en el Tesoro por esta causa, con arreglo a lo dispuesto en los artículos 120.3 y 221.4 de la Ley 58/2003, de 17 de diciembre, General Tributaria.

● Dietas exceptuadas de gravamen y rentas exentas del Impuesto

	Importe satisfecho
Dietas y asignaciones para gastos de viaje, en las cuantías exceptuadas de gravamen del IRPF	
Rentas exentas del IRPF incluidas por la empresa o entidad pagadora en el resumen anual de retenciones e ingresos a cuenta (mod. 190)	

● Fecha y firma

Para que conste y sirva de justificante al interesado, en cumplimiento de lo dispuesto en el Reglamento del Impuesto sobre la Renta de las Personas Físicas, se expide la presente

En VALENCIA   a 01 de Abril   de 2012

Firma y sello de la empresa o entidad pagadora

Fdo.: D. / D.ª Gomero Pérez Sánchez

La presente certificación deberá ser firmada por el retenedor, su apoderado o su representante

- **Retribuciones dinerarias**: percepciones del trabajador en dinero.

  - **Importe íntegro satisfecho**: se indicará el importe total entregado al trabajador a lo largo del año 2011 por las nóminas percibidas → 1.450 × 12 = 17.400 €.

  - **Retenciones practicadas**: será el IRPF retenido en todas las nóminas del año 2011 → 17.400 × 15% = 2.610 €.

- **Gastos fiscalmente deducibles**: serán las cotizaciones a la Seguridad Social del año 2011 → 45,67 × 12 = 548,04 €.

- **Fecha y firma**: datos obligatorios para cerrar el certificado.

4.2 OPERACIONES CON TERCEROS

En las denominadas operaciones con terceros se relacionarán las personas o entidades, independientemente de su naturaleza o carácter, con quienes hayan realizado operaciones cuyo volumen anual haya superado los 3.005,06 €.

Se trata de declaraciones informativas, no se pagos o devoluciones de impuestos ya adelantados o compensados, donde se enviará a la Agencia Tributaria información sobre determinadas operaciones realizadas a lo largo del año.

4.2.1 Modelo 347

Se trata de una declaración con carácter informativo, pero obligatoria de cumplimentar, en la que se presentarán todas las operaciones realizadas por los empresarios con terceras personas, siempre que las mismas superen los 3.005,06 € a lo largo del año natural.

Es, por tanto, un modelo de presentación anual cuyo plazo comprende el mes de marzo (del 1 al 31), tanto si se entrega vía telemática, como si se emite en papel impreso.

Las operaciones que se tendrán que incluir dentro del Modelo 347 serán tanto las entregas de bienes y servicios como las adquisiciones de los mismos. Tanto en unos casos como en otros se incluirán las operaciones habituales y aquellas más ocasionales, operaciones inmobiliarias y subvenciones.

Se trata de un modelo obligatorio, independientemente de si se trata de operaciones sujetas o exentas de IVA; aún así existen algunas excepciones a la presentación de esta declaración:

- Aquellas operaciones realizadas al margen de la actividad empresarial o profesional.

- Los arrendamientos de bienes exentos de IVA realizados al margen de cualquier actividad empresarial.

- Las compras de efectos timbrados y signos de franqueo postal o documentos estancados.

- Las operaciones realizadas por entidades de carácter social cuyas entregas de bienes y prestaciones de servicios se encuentren exentas de IVA.

- Las importaciones y exportaciones de mercancías.

- Las entregas y adquisiciones de bienes que supongan envíos entre el territorio peninsular o las Islas Baleares y las Islas Canarias, Ceuta y Melilla.

El modelo se compone de una hoja resumen que se muestra en la portada donde se recogerán los datos acumulados de perceptores, importes, etc., y unas hojas interiores donde se producirá el detalle pormenorizado de cada uno de las entidades con las que se han realizado las operaciones a liquidar.

4.2.1.1 HOJA RESUMEN

El contenido de la hoja resumen será un acumulado de las operaciones interiores detalladas y se compone de los siguientes apartados:

- **Declarante**: se trata de los datos identificativos del empresario que presenta el modelo. Se deberá indicar uno a uno todos los datos personales que se solicitan (NIF, Apellidos y nombre, etc.) o bien se adjuntará etiqueta identificativa correspondiente.

- **Ejercicio**: año que se está liquidando.

- **Modalidad de presentación**: se indicará si la liquidación se presentará en papel impreso o si por el contrario se presentará en soporte digital legible por ordenador. Para poder presentar esta liquidación en soporte digital es necesario que el listado de operaciones supere los 30.000 registros.

- **Declaración complementaria**: si la declaración que se está presentando completara alguna anterior en la que faltaron datos o por el contrario se incluyeron por error, se marcará la casilla declaración complementaria. Se deberá indicar si se trata de una declaración complementaria para añadir datos o para modificar alguno existente, en ambos casos se incluirá el número de justificante correspondiente a la liquidación que se completa.

- **Declaración sustitutiva**: cuando la liquidación que se está presentando tenga por objeto anular y sustituir de forma completa a una liquidación anterior con errores. En este caso también se deberá anotar el número justificante de la liquidación que se sustituye.

- **Casilla 01**: suma total de todas las personas o entidades incluidas en las operaciones de las hojas interiores. Si una misma entidad se repite en varias operaciones solamente se contará una vez.

- **Casilla 02**: suma total de las operaciones contenidas en las hojas interiores, se trata de la suma de bases imponibles.

- **Casilla 03**: número total de inmuebles relacionados en la hoja anexo de arrendamiento de locales de negocio.

- **Casilla 04**: importe total de las operaciones relacionadas con inmuebles y arrendamientos de locales de negocio.

- **Fecha y firma**: datos obligatorios para poder presentar la liquidación.

Agencia Tributaria
Teléfono: 901 33 55 33
www.agenciatributaria.es

MINISTERIO
DE ECONOMÍA
Y HACIENDA

DECLARACIÓN ANUAL DE OPERACIONES CON TERCERAS PERSONAS
DECLARACIÓN
REAL DECRETO 1065/2007, DE 27 DE JULIO

Pág. 1

Modelo
347

Declarante

Espacio reservado para la etiqueta identificativa
(si no dispone de etiquetas, haga constar a continuación sus datos identificativos)

347659297915 1

N.I.F.

TELEFONO DE CONTACTO

APELLIDOS Y NOMBRE, DENOMINACIÓN O RAZÓN SOCIAL

N.I.F. del representante

Ejercicio y modalidad de presentación

Ejercicio ....

Modalidad de presentación:

Impreso ....

Soporte ....

Declaración complementaria o sustitutiva

Si la presentación de esta declaración tiene por objeto incluir datos que, debiendo haber figurado en otra declaración del mismo ejercicio presentada anteriormente, hubieran sido completamente omitidos en la misma, o si el objeto es modificar parcialmente el contenido de la anteriormente presentada, marque con una "X" la casilla "Declaración complementaria que corresponda, o ambas, en su caso".

Cuando la presentación de esta declaración tenga por objeto anular y sustituir completamente a otra declaración anterior del mismo ejercicio en la cual se hubieran consignado datos inexactos o erróneos, indique su carácter de declaración sustitutiva marcando con una "X" la casilla correspondiente.

Declaración complementaria por inclusión de datos ....

Declaración complementaria por modificación o anulación de datos

Declaración sustitutiva ....

Número identificativo de la declaración anterior

Resumen de los datos incluidos en la declaración

Número total de personas y entidades relacionadas en las hojas interiores o soporte 01

Importe total de las operaciones relacionadas en las hojas interiores o soporte 02

Número total de inmuebles relacionados en la hoja anexo de arrendamiento de locales de negocio o soporte 03

Importe total de las operaciones relacionadas en la hoja anexo de arrendamiento de locales de negocio o soporte 04

Fecha y firma

Fecha:

Firma:

Fdo.: D/Dª.

Cargo o empleo:

Espacio reservado para la Administración

Hoja-resumen. Ejemplar para la Administración

14

4.2.1.2 HOJAS INTERIORES

Las hojas mostrarán un detalle pormenorizado de todas y cada una de las operaciones incluidas en el Modelo 347. Los apartados que componen estas hojas son los siguientes:

- **Datos identificativos**: se hará constar el NIF del declarante, el ejercicio económico que se está liquidando y el número de orden de la hoja en la que se encuentran estos datos (1/3, 2/3 y 3/3, por ejemplo).

- **Datos de los declarados**: se indicará el NIF de la entidad declarada y en caso de ser necesario el del Representante legal que opera en funciones. Además se incorporarán los apellidos y nombre del declarado o la razón social si se trata de personas jurídicas.

  En la casilla provincia se indicarán los dos dígitos correspondientes a la clave provincial del domicilio fiscal de la entidad declarada. En el caso de personas no residentes que no operen en el territorio español mediante establecimiento permanente se consignará la clave 99.

- **Clave de operación**: se consignará la clave que corresponda en función de la operación que se esté declarando. Las claves operativas son las siguientes:

  - **Clave A**: para las compras de bienes y prestaciones de servicios superiores a 3.005,06 €.

  - **Clave B**: para las ventas de bienes y prestaciones de servicios superiores a 3.005,06 €.

  - **Clave C**: cobros por cuenta de terceros superiores a 300, 51 €.

  - **Clave D**: compras de bienes o prestaciones de servicios llevadas a cabo al margen de cualquier actividad empresarial o profesional por Entidades Públicas superiores a 3.005,06 €.

  - **Clave E**: subvenciones y ayudas de Administraciones Públicas superiores a 3.005,06 €.

  - **Clave F**: ventas documentadas en facturas expedidas por agencias de viajes.

  - **Clave G**: prestaciones de servicios de transporte de viajeros por vía aérea.

- **Importe de las operaciones**: importe total de las operaciones que se están declarando, excepto las entidades aseguradoras que anotarán sus operaciones en la casilla siguiente.

- **Operación seguro**: esta casilla es de cumplimentación exclusiva para las Entidades aseguradoras donde indicarán el importe de sus operaciones.

- **Arrendamiento local de negocio**: esta casilla se completará con una cruz únicamente en el caso de arrendadores y arrendatarios de locales de negocio. En ese caso se deberá completar una hoja anexo al final del documento, donde se detallarán los datos del inmueble y del importe de la operación que se está llevando a cabo.

- **Importe percibido en metálico**: se indicarán los importes superiores a 6.000 € percibidos en metálico por cada una de las personas o entidades declaradas.

- **Ejercicio**: año en el que se ha originado la operación en metálico detallada.

- **Importe percibido por transmisiones de inmuebles sujetas a IVA**: cantidades percibidas por transmisiones de bienes inmuebles que constituyan entregas sujetas a IVA.

- **Total de las operaciones**: en la parte final de la hoja se totalizarán las cantidades correspondientes a cada uno de los declarados. Se trata de un total independiente que no deberá ser acumulado en la hoja siguiente ni en sucesivas.

4.3 RETENCIONES EN ALQUILERES

Muchos empresarios ubican sus empresas en locales comerciales por los que pagan un alquiler mensual o trimestral. Se trata pues, de un pago constante que deberá ser formalizado en factura y por el que el inquilino estará obligado a retener y a ingresar dicha cuota a las arcas públicas.

No será el propietario, por tanto, el encargado de este proceso, por lo que el autónomo inquilino deberá tener en cuenta que en las facturas que abone mensualmente deberá aparecer una retención del 19% que preservará y posteriormente ingresará en la Agencia Tributaria.

Para poder llevar a cabo esta obligación tributaria, el profesional cuenta con los Modelos 115, de liquidación trimestral, y el Modelo 180 como resumen anual.

4.3.1 Modelo 115

Se trata de un modelo obligatorio de presentar para todos aquellos empresarios individuales o profesionales que paguen alquileres por locales u oficinas, siempre y cuando estos sean inmuebles urbanos.

Existen excepciones a la presentación del modelo en los casos:

- Cuando las cuotas de alquiler pagadas no superen los 900 € anuales al mismo arrendador.

- Cuando se trata de arrendamientos financieros (*leasing*).

- Cuando sean alquileres de viviendas que el empresario paga a sus trabajadores.

- Cuando las rentas las obtengan Administraciones Públicas.

- Cuando el arrendador acredite al arrendatario estar incluido en alguno de los epígrafes del grupo 861 relacionados con alquileres.

La presentación de este modelo será trimestral y en los 20 primeros días del mes siguiente al vencimiento del trimestre, es decir:

- Primer trimestre - Entre el 1 y el 20 de abril.

- Segundo trimestre - Entre el 1 y el 20 de julio.

- Tercer trimestre - Entre el 1 y el 20 de octubre.

- Cuarto trimestre - Entre el 1 y el 20 de enero.

Se trata de un modelo de sencilla cumplimentación y con tres apartados fundamentales:

- Datos identificativos del empresario.

- Liquidación.

- Cierre del documento.

4.3.1.1 DATOS IDENTIFICATIVOS DEL EMPRESARIO

La primera parte del formulario se compone de los datos propios del empresario autónomo:

- **Ejercicio y Período**: se trata de indicar el año de la declaración y el trimestre que se está liquidando.

- **NIF**: indicando los dígitos y la letra correspondiente.

- **Apellidos o Razón Social**: será el nombre del empresario autónomo.

- **Domicilio y resto de datos**: indicar el domicilio completo del profesional.

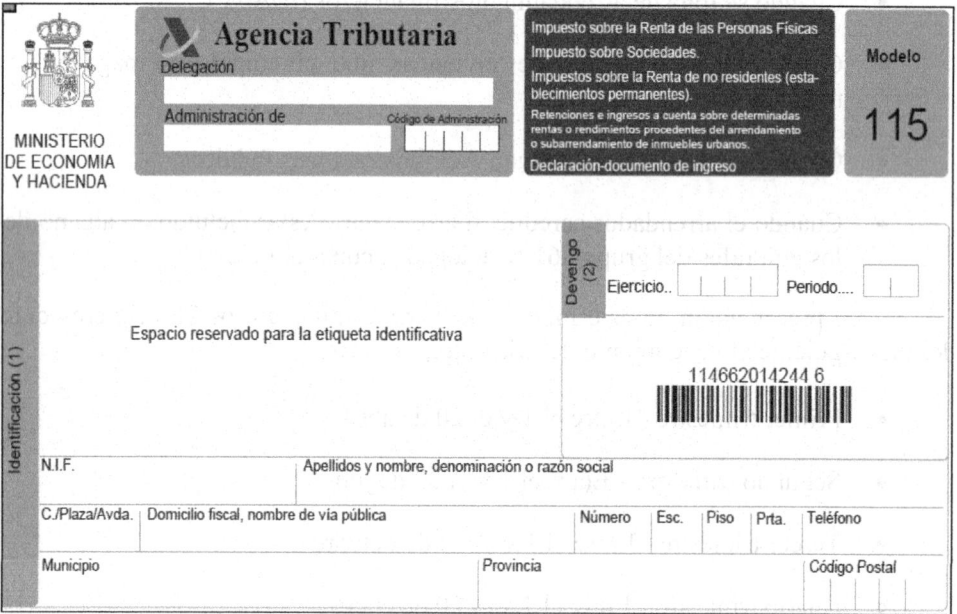

4.3.1.2 LIQUIDACIÓN

Este apartado se cumplimenta de forma muy sencilla puesto que las casillas que lo componen se resumen en:

- **Casilla 01**: será el número total de personas o entidades a las que se les haya pagado un alquiler a lo largo del trimestre que se está liquidando.

- **Casilla 02**: será la base imponible de las retenciones, el total bruto de las facturas pagadas por alquileres a lo largo del trimestre a liquidar.

- **Casilla 03**: total retenido en las facturas de alquileres abonadas a lo largo del trimestre.

- **Casilla 04**: esta casilla se completará únicamente en el caso de declaraciones complementarias presentadas con anterioridad, pero que hagan referencia al mismo ejercicio y período que la que se está liquidando.

- **Casilla 05**: será el resultado final de la liquidación donde se restará la cantidad obtenida en la casilla 3 (total retenciones) menos el total de la casilla 4 en caso de llevar importe reflejado.

RETENCIONES E INGRESOS A CUENTA

N.º de perceptores ... 1

Base de las retenciones e ingresos a cuenta ... 2

Retenciones e ingresos a cuenta ... 3

A deducir (exclusivamente en caso de declaración complementaria):
Resultado a ingresar de la anterior o anteriores declaraciones del mismo concepto, ejercicio y período ... 4

Resultado a ingresar ([3]-[4]) ... 5

4.3.1.3 CIERRE DEL DOCUMENTO

Las casillas que cerraran el Modelo 347 serán las siguientes:

- **Declaración complementaria**: en caso de estar completando una declaración complementaria a otra anterior perteneciente al mismo ejercicio y período. Se anotará el número de justificante de la declaración a la que se completa.

- **Ingreso**: se indicará en la casilla "I" el importe a ingresar y se marcará con una cruz la forma de pago elegida. En caso de seleccionar la forma de pago mediante cuenta corriente bancaria, también se deberán anotar los veinte dígitos de la misma.

- **Fecha y firma**: datos obligatorios para cerrar el modelo.

4.3.1.4 EJEMPLO PRÁCTICO

Amador González Garridejo, titular de una actividad de albañilería y otras instalaciones alquila un local como almacén para su actividad el 1 de marzo del año 2012. Este local se alquila en Madrid a Gustavo Jota Mate (NIF 00.000.013-H).

El importe mensual que abonará por el alquiler será de 900 €, sin incluir impuestos ni retenciones. Realizar la liquidación del IRPF correspondiente a los dos primeros trimestres del año para este alquiler a través del Modelo 115.

Solución:

1. Se completará la primera parte del documento indicando los datos identificativos y personales del titular y el ejercicio (2012) y trimestres correspondientes (1T y 2T, respectivamente).

2. Nº de perceptores: en ambos trimestres será uno, puesto que solamente se trata de un alquiler.

3. Base de las retenciones: para el primer trimestre solamente se liquidará un mes, por lo tanto la base serán 900 €. En el segundo trimestre se liquidarán ya los tres meses correspondientes, por lo tanto serán 2.700 €.

4. Retenciones e ingresos a cuenta:

   – En el primer trimestre solamente será un mes de retención → $900 \times 19\% = 171$ €.

   – En el segundo trimestre → $2.700 \times 19\% = 513$ €.

Agencia Tributaria

MINISTERIO
DE ECONOMIA
Y HACIENDA

Delegación

Administración de   Código de Administración

Impuesto sobre la Renta de las Personas Físicas
Impuesto sobre Sociedades.
Impuestos sobre la Renta de no residentes (establecimientos permanentes).
Retenciones e ingresos a cuenta sobre determinadas rentas o rendimientos procedentes del arrendamiento o subarrendamiento de inmuebles urbanos.
Declaración-documento de ingreso

Modelo

115

Identificación (1)

Devengo (2)   Ejercicio.. 2012   Periodo.... 1T

Espacio reservado para la etiqueta identificativa

114653995206 5

N.I.F.   Apellidos y nombre, denominación o razón social
GONZÁLEZ GARRIDEJO, AMADOR

C./Plaza/Avda. | Domicilio fiscal, nombre de vía pública | Número | Esc. | Piso | Prta. | Teléfono

Municipio   Provincia   Código Postal

Liquidación (3)

RETENCIONES E INGRESOS A CUENTA

N.º de perceptores .... | 1 | 1

Base de las retenciones e ingresos a cuenta .... | 2 | 900,00

Retenciones e ingresos a cuenta .... | 3 | 171,00

A deducir (exclusivamente en caso de declaración complementaria):
Resultado a ingresar de la anterior o anteriores declaraciones del mismo concepto, ejercicio y periodo .... | 4 |

Resultado a ingresar ([3]-[4]) .... | 5 | 171,00

Complementaria (4)

Si esta declaración es complementaria de otra declaración anterior correspondiente al mismo concepto , ejercicio y periodo , indíquelo marcando con una "X" esa casilla.

☐ Declaración complementaria

En este caso, consigne a continuación el número de justificante identificativo de la declaración anterior.

N.º de justificante

Firma (6)

Fecha: 20 de Abril de 2012

Firma:

Ingreso (5)

Ingreso efectuado a favor del TESORO PÚBLICO, cuenta restringida de la Delegación de la A.E.A.T., para la RECAUDACIÓN de los TRIBUTOS.

Forma de pago: ✗ En efectivo   E.C.Adeudo en cuenta

Importe: I   171,00

Código cuenta cliente (CCC)
Entidad   Oficina   D.C.   Núm. de cuenta

Ejemplar para el declarante

Ver. 1.0/2010

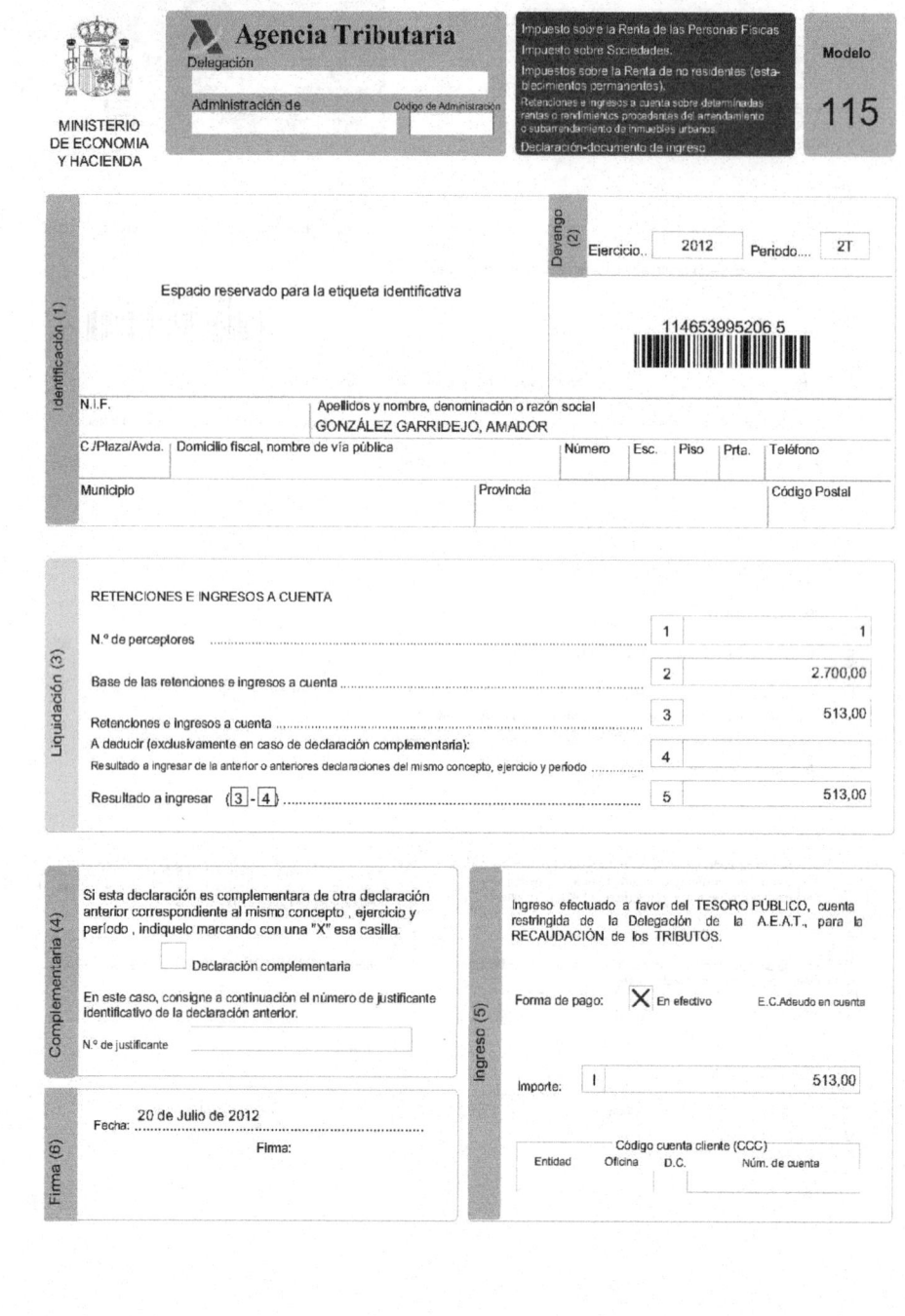

4.3.2 Modelo 180

Todas aquellas personas físicas o entidades (incluyendo a las Administraciones Públicas), que a lo largo del año hayan efectuado retenciones procedentes de alquileres y que por lo tanto estarán obligadas a ingresar dichas retenciones a la Agencia Tributaria, estarán obligadas a presentar al finalizar el año el resumen anual de renta formalizado en el Modelo 180.

Así, deberán incluir en este modelo todos aquellos rendimientos derivados del capital inmobiliario y actividades económicas procedentes del arrendamiento de inmuebles sometidos a retención.

Este modelo se podrá presentar bien en formato papel impreso, o bien a través del formulario utilizando el programa de ayuda descargable en la página web de la Agencia Tributaria o bien, mediante soporte legible directamente por ordenador.

El plazo de presentación del mismo dependerá del formato elegido para su presentación: en el caso de la presentación mediante papel impreso, deberá entregarse en los veinte primeros días naturales del mes de enero de cada año, sin embargo en el caso de presentación mediante el programa de ayuda o en soporte legible por ordenador el plazo se ampliará hasta el 31 de enero de cada año.

El modelo se compone de una hoja resumen que se muestra en la portada donde se recogerán los datos acumulados de perceptores, bases, etc., y unas hojas interiores donde se producirá el detalle pormenorizado de cada una de las entidades con las que se han realizado las operaciones a liquidar.

4.3.2.1 HOJA RESUMEN

La portada del Modelo 180 representa un resumen de todo el contenido pormenorizado que se presenta en sus hojas interiores. Este resumen presenta de forma rápida un total en perceptores, bases y retenciones liquidadas a lo largo del año.

- **Declarante**: se trata de los datos identificativos del empresario que presenta el modelo. Se deberá indicar uno a uno todos los datos personales que se solicitan (NIF, Apellidos y nombre, etc.) o bien se adjuntará etiqueta identificativa correspondiente.

- **Ejercicio**: año que se está liquidando.

- **Modalidad de presentación**: se indicará si la liquidación se presentará en papel impreso o si por el contrario se presentará en soporte digital legible por ordenador. Para poder presentar esta liquidación en soporte digital es necesario que el listado de operaciones supere los 10.000.000 de registros.

- **Declaración complementaria**: si la declaración que se está presentando completara alguna anterior en la que faltaron datos o por el contrario se incluyeron por error, se marcará la casilla declaración complementaria. Se deberá indicar si se trata de una declaración complementaria para añadir datos o para modificar alguno existente, en ambos casos se incluirá el número de justificante correspondiente a la liquidación que se completa.

- **Declaración sustitutiva**: cuando la liquidación que se está presentando tenga por objeto anular y sustituir de forma completa a una liquidación anterior con errores. En este caso también se deberá anotar el número justificante de la liquidación que se sustituye.

- **Casilla 01**: suma total de todas las personas o entidades incluidas en las operaciones de las hojas interiores. Si una misma entidad se repite en varias operaciones solamente se contará una vez.

- **Casilla 02**: suma total de las bases imponibles contenidas en las hojas interiores, se trata de la suma de bases imponibles.

- **Casilla 03**: total en retenciones liquidadas y reflejadas a lo largo de las hojas interiores.

- **Fecha y firma**: datos obligatorios para poder presentar la liquidación.

Agencia Tributaria

Delegación de
Administración de   Código Administración

Impuesto sobre la Renta de las Personas Físicas
Impuesto sobre Sociedades
Impuesto sobre la Renta de no Residentes (establecimientos permanentes)

RETENCIONES E INGRESOS A CUENTA SOBRE DETERMINADAS RENTAS O RENDIMIENTOS PROCEDENTES DEL ARRENDAMIENTO O SUBARRENDAMIENTO DE INMUEBLES URBANOS

Resumen anual

Modelo

180

MINISTERIO
DE ECONOMÍA
Y HACIENDA

Declarante

Espacio reservado para la etiqueta identificativa
(si no dispone de etiquetas, haga constar a continuación sus datos identificativos,
así como los de su domicilio fiscal)

NIF

TELÉFONO DE CONTACTO

APELLIDOS Y NOMBRE (por este orden) O RAZÓN SOCIAL

DOMICILIO FISCAL
Calle/Plaza/Avda.   Número

Municipio   Provincia   Cód. postal

Ejercicio y modalidad de presentación

Ejercicio ....

Modalidad de presentación:

Impreso ....

Soporte ....

Declaración complementaria o sustitutiva

Si la presentación de esta declaración tiene por objeto incluir percepciones que, debiendo haber figurado en otra declaración del mismo ejercicio presentada anteriormente, hubieran sido completamente omitidas en la misma, marque con una "X" la casilla "Declaración complementaria".

Cuando la presentación de esta declaración tenga por objeto anular y sustituir completamente a otra declaración anterior del mismo ejercicio en la cual se hubieran consignado datos inexactos o erróneos, indique su carácter de declaración sustitutiva marcando con una "X" la casilla correspondiente.

En caso de declaraciones sustitutivas, se hará constar a continuación el número identificativo de la declaración anterior que se sustituye mediante la nueva.

Declaración complementaria ...

Declaración sustitutiva ....

Número identificativo de la declaración anterior ....

Resumen de los datos incluidos en la declaración

N.º Total de Perceptores	Base retenciones e ingresos a cuenta	Retenciones e ingresos a cuenta
01	02	03

Fecha y firma

Fecha:

Firma:

Fdo.: D/D.ª

Cargo o empleo:

Espacio reservado para la Administración

Hoja-resumen. Ejemplar para la Administración

4.3.2.2 HOJAS INTERIORES

Las hojas interiores contienen dos apartados básicamente: una cabecera contenida por los datos propios del declarante y un listado de perceptores con los datos de cada una de las retenciones practicadas.

- **Datos identificativos**: se hará constar el NIF del declarante, el ejercicio económico que se está liquidando y el número de orden de la hoja en la que se encuentran estos datos (1/3, 2/3 y 3/3, por ejemplo).

- **Datos de los perceptores**: se consignará en cada apartado los datos inherentes a cada uno de los perceptores a los que se ha retenido IRPF en los pagos de alquileres.

  - **NIF perceptor y representante**: se consignará el NIF completo del perceptor asociado y de su representante legal, en caso de necesitarlo.

  - **Apellidos y nombre o Razón Social**: se incorporarán los apellidos y nombre del perceptor o la razón social si se trata de personas jurídicas.

- **Provincia**: provincia en la que se encuentra ubicado su domicilio social. Para este fin, el empresario cuenta con una tabla de claves en la que se muestran los dígitos que corresponden a cada una de las provincias españolas.

  Además de contar con una tabla de claves, es importante destacar que los dígitos que se deben hacer constar son los dos primeros que corresponden al código postal de dicha provincia.

- **Modalidad**: en esta casilla se indicará un 1 si la renta o rendimiento que se está anotando es de tipo dinerario y se indicará un 2 si la renta satisfecha es en especie. Será obligatorio indicar el tipo de renta que se está liquidando.

- **Base de retenciones**: base imponible de los pagos por alquileres realizados al perceptor a lo largo del año. Esta base será la suma total de los rendimientos anotados en los cuatro trimestres liquidados previamente en el Modelo 115.

Agencia Tributaria

Retenciones e ingresos a cuenta IRPF, Impuesto sobre Sociedades e Impuesto sobre la Renta de no Residentes (establecimientos permanentes)

Relación de perceptores

Modelo **180**

Datos identificativos de esta hoja

NIF del declarante | Ejercicio | Hoja n.º

Perceptor 1

NIF perceptor | NIF representante legal | Apellidos y nombre, razón social o denominación del perceptor | Provincia (Código)

Modalidad | Base retenciones e ingresos a cuenta | % retención | Retenciones e ingresos a cuenta | Ejercicio devengo

Perceptor 2

NIF perceptor | NIF representante legal | Apellidos y nombre, razón social o denominación del perceptor | Provincia (Código)

Modalidad | Base retenciones e ingresos a cuenta | % retención | Retenciones e ingresos a cuenta | Ejercicio devengo

Perceptor 3

NIF perceptor | NIF representante legal | Apellidos y nombre, razón social o denominación del perceptor | Provincia (Código)

Modalidad | Base retenciones e ingresos a cuenta | % retención | Retenciones e ingresos a cuenta | Ejercicio devengo

Perceptor 4

NIF perceptor | NIF representante legal | Apellidos y nombre, razón social o denominación del perceptor | Provincia (Código)

Modalidad | Base retenciones e ingresos a cuenta | % retención | Retenciones e ingresos a cuenta | Ejercicio devengo

Perceptor 5

NIF perceptor | NIF representante legal | Apellidos y nombre, razón social o denominación del perceptor | Provincia (Código)

Modalidad | Base retenciones e ingresos a cuenta | % retención | Retenciones e ingresos a cuenta | Ejercicio devengo

Perceptor 6

NIF perceptor | NIF representante legal | Apellidos y nombre, razón social o denominación del perceptor | Provincia (Código)

Modalidad | Base retenciones e ingresos a cuenta | % retención | Retenciones e ingresos a cuenta | Ejercicio devengo

Perceptor 7

NIF perceptor | NIF representante legal | Apellidos y nombre, razón social o denominación del perceptor | Provincia (Código)

Modalidad | Base retenciones e ingresos a cuenta | % retención | Retenciones e ingresos a cuenta | Ejercicio devengo

Perceptor 8

NIF perceptor | NIF representante legal | Apellidos y nombre, razón social o denominación del perceptor | Provincia (Código)

Modalidad | Base retenciones e ingresos a cuenta | % retención | Retenciones e ingresos a cuenta | Ejercicio devengo

Total de la hoja

Consigne en estas dos casillas la suma de las bases de las retenciones e ingresos a cuenta y retenciones e ingresos a cuenta que figuren relacionados en esta hoja.

Base retenciones e ingresos a cuenta | Retenciones e ingresos a cuenta

Ejemplar para la Administración

- **% Retención**: será el porcentaje aplicado en las retenciones practicadas. Si se hubieran practicado retenciones con varios porcentajes (por variaciones Estatales, por ejemplo) se indicará únicamente el último. Este porcentaje se indicará siempre con dos decimales, en caso de no tener decimales se consignarán dos ceros.

- **Retenciones e ingresos a cuenta**: importe total de las retenciones liquidadas a lo largo del año.

- **Ejercicio devengo**: esta casilla deberá completarse en el caso de que alguna de las rentas o rendimientos se refiera a cantidades satisfechas en devengos o ejercicios anteriores; en esos casos se reflejarán los cuatro dígitos correspondientes al año del que provienen.

4.3.2.3 EJEMPLO PRÁCTICO

Realizaremos la declaración resumen anual a través del Modelo 180 para el ejemplo anterior (Amador González Garridejo) teniendo en cuenta los datos ya aportados por el titular, sus liquidaciones realizadas, y teniendo en cuenta también, la siguiente información adicional aportada:

- El 1 de septiembre alquila en Madrid, una nave comercial a INMUEBLES ARMANDO (NIF: 00.000.012-P) para almacenar maquinaria que utilizará en su actividad. Esta nave supone un alquiler mensual de 1.600 €. La retención practicada en cada factura será del 19%.

- No existen rendimientos en especie en ninguno de sus alquileres pagados.

Solución:

1. Lo primero que debería de completarse son las liquidaciones trimestrales pendientes utilizando el Modelo 115. En el ejemplo anterior se realizaron las liquidaciones del primer y segundo trimestre, y ahora sería necesario completar las liquidaciones del tercer y cuarto trimestre.

   En las siguientes páginas se presentan ambos modelos completos para que puedan utilizarse como referencia a la hora de presentar el resumen anual a través del Modelo 180.

MINISTERIO DE ECONOMIA Y HACIENDA

⛰ Agencia Tributaria

Delegación

Administración de   Código de Administración

Impuesto sobre la Renta de las Personas Físicas.
Impuesto sobre Sociedades.
Impuestos sobre la Renta de no residentes (establecimientos permanentes).
Retenciones e ingresos a cuenta sobre determinadas rentas o rendimientos procedentes del arrendamiento o subarrendamiento de inmuebles urbanos.
Declaración-documento de ingreso

Modelo

115

Identificación (1)

Espacio reservado para la etiqueta identificativa

Devengo (2)

Ejercicio.. 2012   Período.... 3T

1146634826672 3

N.I.F.   Apellidos y nombre, denominación o razón social
GONZALEZ GARRIDEJO, AMADOR

C./Plaza/Avda.	Domicilio fiscal, nombre de vía pública	Número	Esc.	Piso	Prta.	Teléfono
Municipio		Provincia				Código Postal

Liquidación (3)

RETENCIONES E INGRESOS A CUENTA

N.º de perceptores	1	2
Base de las retenciones e ingresos a cuenta	2	4.300,00
Retenciones e ingresos a cuenta	3	817,00
A deducir (exclusivamente en caso de declaración complementaria): Resultado a ingresar de la anterior o anteriores declaraciones del mismo concepto, ejercicio y período	4	
Resultado a ingresar ([3]-[4])	5	817,00

Complementaria (4)

Si esta declaración es complementara de otra declaración anterior correspondiente al mismo concepto , ejercicio y período , indíquelo marcando con una "X" esa casilla.

☐ Declaración complementaria

En este caso, consigne a continuación el número de justificante identificativo de la declaración anterior.

N.º de justificante

Firma (6)

Fecha: 20 de Octubre de 2012
                              Firma:

Ingreso (5)

Ingreso efectuado a favor del TESORO PÚBLICO, cuenta restringida de la Delegación de la A.E.A.T., para la RECAUDACIÓN de los TRIBUTOS.

Forma de pago: ☒ En efectivo   E.C.Adeudo en cuenta

Importe: I   817,00

Código cuenta cliente (CCC)
Entidad	Oficina	D.C.	Núm. de cuenta

Ejemplar para el declarante

1.0/2010

MINISTERIO DE ECONOMIA Y HACIENDA

Agencia Tributaria

Delegación

Administración de   Código de Administración

Impuesto sobre la Renta de las Personas Físicas
Impuesto sobre Sociedades.
Impuestos sobre la Renta de no residentes (establecimientos permanentes).
Retenciones e ingresos a cuenta sobre determinadas rentas o rendimientos procedentes del arrendamiento o subarrendamiento de inmuebles urbanos.
Declaración-documento de ingreso

Modelo

115

Identificación (1)

Espacio reservado para la etiqueta identificativa

Devengo (2)

Ejercicio.. 2012   Periodo.... 4T

114663482672 3

N.I.F.   Apellidos y nombre, denominación o razón social
GONZALEZ GARRIDEJO, AMADOR

C./Plaza/Avda. | Domicilio fiscal, nombre de vía pública | Número | Esc. | Piso | Prta. | Teléfono

Municipio | Provincia | Código Postal

Liquidación (3)

RETENCIONES E INGRESOS A CUENTA

N.º de perceptores	1	2
Base de las retenciones e ingresos a cuenta	2	7.500,00
Retenciones e ingresos a cuenta	3	1.425,00
A deducir (exclusivamente en caso de declaración complementaria): Resultado a ingresar de la anterior o anteriores declaraciones del mismo concepto, ejercicio y período	4	
Resultado a ingresar ([3] - [4])	5	1.425,00

Complementaria (4)

Si esta declaración es complementaria de otra declaración anterior correspondiente al mismo concepto , ejercicio y período , indíquelo marcando con una "X" esa casilla.

☐ Declaración complementaria

En este caso, consigne a continuación el número de justificante identificativo de la declaración anterior.

N.º de justificante

Firma (6)

Fecha: 20 de Enero de 2013

Firma:

Ingreso (5)

Ingreso efectuado a favor del TESORO PÚBLICO, cuenta restringida de la Delegación de la A.E.A.T., para la RECAUDACIÓN de los TRIBUTOS.

Forma de pago: ✗ En efectivo   E.C.Adeudo en cuenta

Importe: I   1.425,00

Código cuenta cliente (CCC)
Entidad | Oficina | D.C. | Núm. de cuenta

Ejemplar para el declarante

1.0/2010

2. Una vez que la información trimestral ha quedado correctamente plasmada en su modelo correspondiente se procederá a cumplimentar el Modelo 180.

Dentro de la hoja resumen que encontramos en la portada las casillas a rellenar serán las siguientes:

— **Datos identificativos**: se completarán los datos personales del titular de la actividad o se sustituirán adjuntando etiqueta identificativa.

— **Ejercicio**: el ejercicio a liquidar será el 2012.

— **Modalidad de presentación**: se presentará mediante papel impreso, por lo que se indicará con una cruz en la casilla correspondiente.

— **Nº total de perceptores**: serán los 2 perceptores de los alquileres pagados a lo largo del año.

— **Base retenciones**: sumaremos todas las bases trimestrales liquidadas → 900 + 2.700 + 4.300 + 7.500 = 15.400.

— **Retenciones e ingresos a cuenta**: sumaremos todas las retenciones trimestrales liquidadas → 171 + 513 + 817 + 1.425 = 2.925 €.

Dentro de las hojas interiores debemos las casillas a rellenar serán las siguientes:

— **Datos identificativos**: se anotará el NIF del declarante y el año a liquidar (2012). Solamente se completará una hoja por lo que la numeración será 1/1.

— **NIF perceptor**: se anotará el NIF de cada uno de los dos perceptores a los que se les abona el alquiler a lo largo del año.

— **Apellidos y nombre**: serán los datos identificativos de cada uno de los dos perceptores.

— **Provincia**: la clave de Madrid es 28. Ambos perceptores tienen su domicilio fiscal en Madrid por lo que ambos tienen la misma clave.

Agencia Tributaria

MINISTERIO
DE ECONOMÍA
Y HACIENDA

Delegación de
Administración de   Código Administración

Impuesto sobre la Renta de las Personas Físicas
Impuesto sobre Sociedades
Impuesto sobre la Renta de no Residentes (establecimientos permanentes)
RETENCIONES E INGRESOS A CUENTA SOBRE DETERMINADAS RENTAS O RENDIMIENTOS PROCEDENTES DEL ARRENDAMIENTO O SUBARRENDAMIENTO DE INMUEBLES URBANOS
Resumen anual

Modelo
180

Declarante

Espacio reservado para la etiqueta identificativa
(si no dispone de etiquetas, haga constar a continuación sus datos identificativos, así como los de su domicilio fiscal)

NIF   TELÉFONO DE CONTACTO

APELLIDOS Y NOMBRE (por este orden) O RAZÓN SOCIAL
GONZÁLEZ GARRILLEJO, AMADOR

DOMICILIO FISCAL
Calle/Plaza/Avda.   Número
Municipio   Provincia   Cód. postal

Ejercicio y modalidad de presentación

Ejercicio 2012
Modalidad de presentación:
Impreso x
Soporte...

Declaración complementaria o sustitutiva

Si la presentación de esta declaración tiene por objeto incluir percepciones que, debiendo haber figurado en otra declaración del mismo ejercicio presentada anteriormente, hubieran sido completamente omitidas en la misma, marque con una "X" la casilla "Declaración complementaria".

Cuando la presentación de esta declaración tenga por objeto anular y sustituir completamente a otra declaración anterior del mismo ejercicio en la cual se hubieran consignado datos inexactos o erróneos, indique su carácter de declaración sustitutiva marcando con una "X" la casilla correspondiente.

En caso de declaraciones sustitutivas, se hará constar a continuación el número identificativo de la declaración anterior que se sustituye mediante la nueva.

Declaración complementaria...
Declaración sustitutiva ....   Número identificativo de la declaración anterior ....

Resumen de los datos incluidos en la declaración

N.º Total de Perceptores	Base retenciones e ingresos a cuenta	Retenciones e ingresos a cuenta
01 2	02 15.400	03 2.926

Fecha y firma

Fecha: 31 de enero de 2013

Firma:

Fdo.: D/D.ª ____Amador González Garrillejo____
Cargo o empleo: _____

Espacio reservado para la Administración

Hoja-resumen. Ejemplar para la Administración

–   **Modalidad**: será la clave 1 puesto que ambas rentas se consideran dinerarias.

–   **Base retenciones e ingresos a cuenta**: para cada perceptor debemos sumar las bases imponibles de las cantidades abonadas a lo largo del año.

Perceptor 1: 900 + 2.700 + 2.700 + 2.700 = 9.000

Perceptor 2: 1.600 + 4.800 = 6.400

–   **% Retención**: el porcentaje de retención en alquileres se establece en un 19%. Se recuerda al lector que deberá consignar los decimales correspondientes.

–   **Retenciones e ingresos a cuenta**: para cada perceptor debemos sumar las retenciones practicadas a lo largo del año.

Perceptor 1: 171+ 513 + 513 + 513 = 1.710

Perceptor 2: 304 + 912 = 1.216

–   **Ejercicio devengo**: para ambos perceptores quedará vacío puesto que no se trata de percepciones abonadas en ejercicios anteriores al que se está liquidando.

–   **Total hoja**: al final de la página se deberán totalizar las cantidades anotadas, tanto en las bases imponibles de los diferentes perceptores como en las retenciones practicadas e ingresos a cuenta:

Base retenciones = 9.000 + 6.400 = 15.400

Retenciones = 1.710 + 1.216 = 2.926

Agencia Tributaria	Retenciones e ingresos a cuenta IRPF, Impuesto sobre Sociedades e Impuesto sobre la Renta de no Residentes (establecimientos permanentes) **Relación de perceptores** Modelo **180**

Datos identificativos de esta hoja

NIF del declarante	Ejercicio	Hoja n.º
	2012	1 / 1

Perceptor 1

NIF perceptor	NIF representante legal	Apellidos y nombre, razón social o denominación del perceptor	Provincia (Código)
00.000.013-H		Gustavo Jota Mate	28

Modalidad	Base retenciones e ingresos a cuenta	% retención	Retenciones e ingresos a cuenta	Ejercicio devengo
1	9.000	19 00	1.710	

Perceptor 2

NIF perceptor	NIF representante legal	Apellidos y nombre, razón social o denominación del perceptor	Provincia (Código)
00.000.012-P		Inmuebles Armando	28

Modalidad	Base retenciones e ingresos a cuenta	% retención	Retenciones e ingresos a cuenta	Ejercicio devengo
1	6.400	19 00	1.216	

Perceptor 3

NIF perceptor	NIF representante legal	Apellidos y nombre, razón social o denominación del perceptor	Provincia (Código)

Modalidad	Base retenciones e ingresos a cuenta	% retención	Retenciones e ingresos a cuenta	Ejercicio devengo

Perceptor 4

NIF perceptor	NIF representante legal	Apellidos y nombre, razón social o denominación del perceptor	Provincia (Código)

Modalidad	Base retenciones e ingresos a cuenta	% retención	Retenciones e ingresos a cuenta	Ejercicio devengo

Perceptor 5

NIF perceptor	NIF representante legal	Apellidos y nombre, razón social o denominación del perceptor	Provincia (Código)

Modalidad	Base retenciones e ingresos a cuenta	% retención	Retenciones e ingresos a cuenta	Ejercicio devengo

Perceptor 6

NIF perceptor	NIF representante legal	Apellidos y nombre, razón social o denominación del perceptor	Provincia (Código)

Modalidad	Base retenciones e ingresos a cuenta	% retención	Retenciones e ingresos a cuenta	Ejercicio devengo

Perceptor 7

NIF perceptor	NIF representante legal	Apellidos y nombre, razón social o denominación del perceptor	Provincia (Código)

Modalidad	Base retenciones e ingresos a cuenta	% retención	Retenciones e ingresos a cuenta	Ejercicio devengo

Perceptor 8

NIF perceptor	NIF representante legal	Apellidos y nombre, razón social o denominación del perceptor	Provincia (Código)

Modalidad	Base retenciones e ingresos a cuenta	% retención	Retenciones e ingresos a cuenta	Ejercicio devengo

Total de la hoja

Consigne en estas dos casillas la suma de las bases de las retenciones e ingresos a cuenta y retenciones e ingresos a cuenta que figuren relacionados en esta hoja.

Base retenciones e ingresos a cuenta	Retenciones e ingresos a cuenta
15.400	2.926

Ejemplar para la Administración

4.3.3 Certificado de retenciones

Todas las empresas y empresarios que hayan practicado algún tipo de retención por alquileres a lo largo del año, tienen la obligación de ingresar estas retenciones en Hacienda. Además de ello, se deberá completar el modelo denominado Certificado de Retenciones de IRPF.

De este modo lo que haremos es transcribir una copia de los datos indicados en el Modelo 180, donde constan las reseñas de las personas relacionadas (pagador y perceptor), bases de retención, ingresos a cuenta, etc.

Además el profesional deberá hacer llegar un certificado de retenciones a cada uno de los distintos perceptores antes de la puesta en marcha de la declaración de la renta (2 de abril), puesto que esta información será la que dichos contribuyentes deberán plasmar en su declaración anual de IRPF.

Los apartados que contiene este modelo son los siguientes:

- **Datos correspondientes al ejercicio**: se completará el ejercicio o año a liquidar. La fecha de inicio y la fecha de fin se apurará, cuando el arrendador sea objeto de liquidar el Impuesto de Sociedades o del Impuesto sobre la Renta y su período impositivo no coincida con el año natural.

- **Datos del perceptor**: serán los datos identificativos del arrendador del inmueble.

- **Datos del pagador**: serán los datos identificativos completos del arrendatario del inmueble.

- **Rendimientos procedentes del arrendamiento**: en este apartado se deberán anotar, por un lado, los rendimientos en dinero y, por otro lado, los rendimientos en especie por los alquileres abonados a lo largo del año a cada perceptor.

  En ambos casos se indicará por un lado el importe objeto de las retenciones (base imponible) y por otro lado las retenciones e ingresos a cuenta practicados.

- **Fecha y firma**: en este apartado se firmará una declaración donde se indica que todos los datos aportados en el certificado han sido obtenidos del resumen anual (Modelo 180). De este modo se aportarán los datos necesarios para que se certifique la entrega de dicho modelo.

Certificado de Retenciones e Ingresos a cuenta del Impuesto sobre la Renta de las Personas Físicas, del Impuesto sobre Sociedades y del Impuesto sobre la Renta de no Residentes

Rendimientos procedentes del arrendamiento o subarrendamiento de inmuebles urbanos

Datos del perceptor	N.I.F.	Apellidos y Nombre o Razón Social

Datos del pagador	N.I.F.	Apellidos y Nombre o Razón Social

Calle/Plaza/Avda. Nombre de la vía pública — Número — Esc. — Piso — Prta. — Teléfono

Municipio — Provincia — Código postal

Rendimientos procedentes del arrendamiento o subarrendamiento de inmuebles urbanos		Retenciones	Importe íntegro
Rendimientos dinerarios			
		Ingresos a cuenta	Valoración
Rendimientos en especie			

Fecha y firma

Los datos expresados figuran en el Resumen Anual de retenciones e ingresos a cuenta del IRPF, del Impuesto sobre Sociedades y del IRNR, modelo 180, presentado con fecha _____ ante la Delegación/Administración/Unidad Central de Gestión de Grandes Empresas de la Agencia Tributaria de _____ con número de justificante _____

Y para que conste y sirva de justificante al interesado, en cumplimiento de lo dispuesto en los artículos 108.3 del Reglamento del IRPF y 66.3 del Reglamento del Impuesto sobre Sociedades, se expide el presente en _____ , a _____ de _____ de _____

Firma y sello de la empresa o entidad pagadora:

Fdo.: D/Dª ....

La presente certificación deberá ser firmada por el retenedor, su apoderado o su representante

(*) Se harán constar las fechas de inicio y finalización del ejercicio cuando el arrendador o subarrendador sea sujeto pasivo del Impuesto sobre Sociedades o contribuyente del Impuesto sobre la Renta de no Residentes (establecimientos permanentes) y su período impositivo no coincida con el año natural.

4.3.3.1 EJEMPLO PRÁCTICO

Planteamos seguidamente un ejemplo correspondiente al certificado de retenciones para el Modelo 180.

Siguiendo el ejemplo anterior, si ahora deseamos elaborar el certificado de retenciones correspondiente a los datos aportados en el Modelo 180 tendremos que rellenar las siguientes casillas:

- **Datos correspondientes al ejercicio**: 2012.

- **Datos del perceptor**: identificación del perceptor Gustavo Jota Mate.

> **NOTA**: se debería completar un certificado de retenciones para cada uno de los perceptores relacionados en el Modelo 180. Para el ejemplo mostraremos únicamente el primer perceptor.

- **Datos del pagador**: datos identificativos del titular de la actividad Amador González Garrillejo.

- **Rendimientos dinerarios**: se anotará el total anotado en el Modelo 180 como base de retenciones → 9.000.

- **Importe íntegro**: serán las retenciones practicadas a lo largo del año y anotadas en el Modelo 180 → 1.710 €.

- **Fecha y firma**: para completar este apartado necesitaremos conocer:

  - **Fecha del Modelo 180**: 31 de enero de 2013.

  - **Agencia Tributaria de presentación**: dado que en el Modelo 180 no se determinó lo dejaremos en blanco.

  - **Número de justificante**: dado que en el Modelo 180 se desconoce lo dejaremos en blanco.

Una vez anotados estos tres datos relativos al Modelo 180, se fechará y firmará el certificado de retenciones para ser enviado a los perceptores correspondientes.

Certificado de Retenciones e Ingresos a cuenta del Impuesto sobre la Renta de las Personas Físicas, del Impuesto sobre Sociedades y del Impuesto sobre la Renta de no Residentes (establecimientos permanentes y arrendamientos en régimen de atribución de rentas constituidos en el extranjero con presencia en territorio español)

(Artículos 108.3 del Reglamento del I.R.P.F. y 66.3 del Reglamento del Impuesto sobre Sociedades)

Rendimientos procedentes del arrendamiento o subarrendamiento de inmuebles urbanos

(Datos correspondientes al ejercicio | 2012 | (*Fecha de inicio | | | | Fecha de finalización | | | |))

Datos del perceptor	N.I.F.	Apellidos y Nombre o Razón Social MATE JOTA, GUSTAVO

Datos del pagador	N.I.F.	Apellidos y Nombre o Razón Social GONZÁLEZ GARRILLEJO, AMADOR

Calle/Plaza/Avda.	Nombre de la vía pública		Número	Esc.	Piso	Prta.	Teléfono

Municipio MADRID	Provincia MADRID	Código postal 28014

Rendimientos procedentes del arrendamiento o subarrenda-miento de inmuebles urbanos		Retenciones	Importe Íntegro
	Rendimientos dinerarios	9.000,00	1.710,00
		Ingresos a cuenta	Valoración
	Rendimientos en especie		

Fecha y firma

Los datos expresados figuran en el Resumen Anual de retenciones e ingresos a cuenta del IRPF, del Impuesto sobre Sociedades y del IRNR, modelo 180, presentado con fecha 31 enero 2013 ante la Delegación/Administración/Unidad Central de Gestión de Grandes Empresas de la Agencia Tributaria de XXXXXXXX con número de justificante XXXXXXXXX

Y para que conste y sirva de justificante al interesado, en cumplimiento de lo dispuesto en los artículos 108.3 del Reglamento del IRPF y 66.3 del Reglamento del Impuesto sobre Sociedades, se expide el presente

en Madrid ,a 01 de Marzo de 2013

Firma y sello de la empresa o entidad pagadora:

Fdo.: D/Dª Amador González Garrillejo

La presente certificación deberá ser firmada por el retenedor, su apoderado o su representante

(*) Se harán constar las fechas de inicio y finalización del ejercicio cuando el arrendador o subarrendador sea sujeto pasivo del Impuesto sobre Sociedades o contribuyente del Impuesto sobre la Renta de no Residentes (establecimientos permanentes) y su período impositivo no coincida con el año natural.

Capítulo 5

CASOS PRÁCTICOS

Mostraremos en este capítulo algunos casos prácticos finales, a modo de repaso, donde se muestre la interacción de los modelos explicados en toda la obra y donde se puedan ver de forma práctica, los cálculos que se deben realizar en cada uno de ellos.

5.1 CASO 1: ESTIMACIÓN DIRECTA

Luisa Carmelita Descalza, con NIF 00.000.019-H, es titular de una actividad de venta de cosméticos a domicilio en estimación directa en Madrid. Además de esta actividad desarrolla otra de enseñanzas diversas con la que conjuga los horarios y tareas.

Liquidaremos los **impuestos trimestrales** que le correspondan a la titular para el año 2012 utilizando la información que seguidamente se muestra:

- La empresa tuvo unas ventas en mercancías durante el año 2011 que ascendieron a 69.254,15 € y facturó servicios de formación por 49.700 €. Las compras y gastos de todo el año 2011 fueron 9.321,59 €.

- Las compras de mercancías realizas en España a lo largo de los trimestres del año 2012 fueron las siguientes:

    - Primer trimestre: 2.360 €.

    - Segundo trimestre: 3.650 €.

- Tercer trimestre: 2.140 €.

- Cuarto trimestre: 1.690,54 €.

• Los ingresos por la actividad de venta de productos cosméticos a lo largo del año2012 han sido (18% de IVA):

- Primer trimestre: 15.698 €.

- Segundo trimestre: 16.235 €.

- Tercer trimestre: 20.365 €.

- Cuarto trimestre: 19.890 €.

• Los ingresos por la actividad de enseñanzas diversas a lo largo del año2012 han sido:

- Primer trimestre: 6.900 €.

- Segundo trimestre: 5.640 €.

- Tercer trimestre: 9.500 €.

- Cuarto trimestre: 10.600 €.

• En el cuarto trimestre del año 2011 adquirió un ordenador para sus actividades por 977 €.

• En el segundo trimestre del año 2012 realiza una importación de mercancías en China por 3.400 €.

• En el tercer trimestre del año 2012 realiza una adquisición intracomunitaria por 230 €.

• A comienzos del segundo trimestre del año 2012 alquila un pequeño local a Cosme Andrés Pedro (NIF 00.000.020_G) que supone 500 € trimestrales (19% IRPF y 18% IVA).

Todas las operaciones sujetas a IVA se gravarán con el 18% general, además la titular de la actividad retendrá en todas las facturas emitidas por formación un 15% en concepto de IRPF. La titular **no** se encuentra dentro del régimen de recargo de equivalencia para minoristas.

Solución:

Liquidación de IVA trimestral:

1. Dado que la titular de la actividad se dedica a dos actividades diferentes una sujeta al impuesto y otra exenta debemos calcular el porcentaje de prorrata general (dado que no ha solicitado expresamente la aplicación de la prorrata especial). Para los tres primeros trimestres del año se utilizará la prorrata calculara en el cuarto trimestre del año anterior, es decir, con los datos relativos al año 2011:

> % = [69.254,15/(69.254,15 + 49.700)] × 100 = 58,2191% con el redondeo al alza quedaría el 59% de prorrata.

2. Primer trimestre Modelo 303:

    —   Ventas o ingresos: 15.698 × 18% = 2.825,64

I.V.A. Devengado Régimen General						
Base imponible		Tipo %		Cuota		
[01] 15.698	,00	[02] 18	,00	[03] 2.825	,64	
[04] 0		[05]		[06]		
[07]		[08]		[09]		
Recargo equivalencia						
[10]		[11]		[12]		
[13]		[14]		[15]		
[16]		[17]		[18]		
Adquisiciones intracomunitarias						
[19]				[20]		
Total cuota devengada (03+06+09+12+15+18+20)				[21] 2.825	,64	

—   Compras interiores: 2.360 × 18% × 59% = 250,63

—   Diferencia: 2.825,64 – 250,63 = 2.575,01

—   Atribuible al Estado: 100% por tratarse de la Comunidad Autónoma de Madrid.

—   Forma de pago: a ingresar 2.575,01 €.

—   Indicar la cuenta corriente bancaria

—   Validar y Generar PDF.

Diferencia (21-37)		[38] 2.575 , 01
Atribuible a la Administración del Estado. [39] 100 , 00		[40] 2.575 , 01
Cuotas a compensar de periodos anteriores.		[41] 0 ,

Entregas intracomunitarias.	[42] 0 ,
Exportaciones y operaciones asimiladas.	[43] ,
Operaciones no sujetas o con inversión del sujeto pasivo que originan el derecho a deducción.	[44] ,

Exclusivamente para sujetos pasivos que tributan conjuntamente a la Administración del Estado y a las Diputaciones Forales.

Resultado de la regularización anual. [45] ,

Resultado (40-41+45) [46] 2.575 , 01

A deducir (exclusivamente en caso de autoliquidación complementaria): Resultado de la anterior o anteriores declaraciones del mismo concepto, ejercicio y periodo. [47] 0 ,

* **Resultado de la autoliquidación (46-47)** [48] 2575 , 01

3. Segundo trimestre Modelo 303:

— Ventas o ingresos: $16.235 \times 18\% = 2.922,30$

— Compras interiores: $(3.650 + 500) \times 18\% \times 59\% = 440,73$

— Importaciones: $3.400 \times 18\% \times 59\% = 361,08$

— Diferencia: $2.922,30 - 440,73 - 361,08 = 2.120,49$

— Atribuible al Estado: 100%.

— Forma de pago: a ingresar 2.120,49 €.

— Indicar la cuenta corriente de cargo.

— Validar y Generar PDF.

I.V.A. Devengado
Régimen General

Base imponible		Tipo %		Cuota	
[01] 16.235 , 00		[02] 18 , 00		[03] 2.922 , 30	
[04] 0 ,		[05] 0 ,		[06] ,	
[07] ,		[08] ,		[09] ,	
Recargo equivalencia					
[10] ,		[11] ,		[12] ,	
[13] ,		[14] ,		[15] ,	
[16] ,		[17] ,		[18] ,	
Adquisiciones intracomunitarias					
[19] ,				[20] 0 ,	

Total cuota devengada (03+06+09+12+15+18+20)	[21] 2.922 , 30

I.V.A. Deducible	Base imponible		Cuota	
Por cuotas soportadas en operaciones interiores corrientes.	[22] 4.150	,00	[23] 440	,73
Por cuotas soportadas en operaciones interiores con bienes de inversión.	[24] 0	,	[25]	,
Por cuotas devengadas en las importaciones de bienes corrientes.	[26] 3.400	,00	[27] 361	,08
Por cuotas devengadas en las importaciones de bienes de inversión.	[28]	,	[29]	,
En adquisiciones intracomunitarias de bienes de corrientes.	[30]	,	[31]	,
En adquisiciones intracomunitarias de bienes de inversión.	[32]	,	[33]	,
Compensaciones Régimen Especial A.G. y P.			[34]	,
Regularización inversiones.			[35]	,
Regularización por aplicación del porcentaje definitivo de prorrata (sólo 4T o mes 12).			[36]	,
Total a deducir (23+25+27+29+31+33+34+35+36)			[37] 801	,81
Diferencia (21-37)			[38] 2.120	,49
Atribuible a la Administración del Estado.	[39] 100	,00	[40] 2.120	,49
Cuotas a compensar de periodos anteriores.			[41] 0	,

4. Tercer trimestre Modelo 303:

- Ventas o ingresos: $20.365 \times 18\% = 3.665,70$

- Adquisiciones intracomunitarias $= 230 \times 18\% = 41,40$

- Total devengado $= 3.665,70 + 41,40 = \mathbf{3.707,10}$

- Compras interiores: $(2.140 + 500) \times 18\% \times 59\% = 280,37$

- Adquisiciones intracomunitarias $= 230 \times 18\% = 41,40$

- Total a deducir $= 280,37 + 41,40 = \mathbf{321,77}$

- Diferencia $= 3.707,10 - 321,77 = \mathbf{3.385,33}$

- Atribuible al Estado: 100%.

- Forma de pago: a ingresar 3.385,33 €.

I.V.A. Devengado
Régimen General

Base imponible			Tipo %			Cuota		
[01]	20.365	00	[02]	18	00	[03]	3.665	70
[04]	0		[05]	0		[06]		
[07]			[08]			[09]		

Recargo equivalencia

[10]			[11]			[12]		
[13]			[14]			[15]		
[16]			[17]			[18]		

Adquisiciones intracomunitarias

[19]	230	00				[20]	41	40

Total cuota devengada (03+06+09+12+15+18+20) [21] 3.707 10

I.V.A. Deducible

	Base imponible		Cuota	
Por cuotas soportadas en operaciones interiores corrientes.	[22] 2.640 ,00		[23] 280	37
Por cuotas soportadas en operaciones interiores con bienes de inversión.	[24]		[25]	
Por cuotas devengadas en las importaciones de bienes corrientes.	[26]		[27]	
Por cuotas devengadas en las importaciones de bienes de inversión.	[28]		[29]	
En adquisiciones intracomunitarias de bienes de corrientes.	[30] 230 ,00		[31] 41	40
En adquisiciones intracomunitarias de bienes de inversión.	[32] 0		[33]	
Compensaciones Régimen Especial A.G. y P.			[34]	
Regularización inversiones.			[35]	
Regularización por aplicación del porcentaje definitivo de prorrata (sólo 4T o mes 12).			[36]	
Total a deducir (23+25+27+29+31+33+34+35+36)			[37] 321	77

Diferencia (21-37)		[38] 3.385	33
Atribuible a la Administración del Estado.	[39] 100 ,00	[40] 3.385	33
Cuotas a compensar de periodos anteriores.		[41]	

5. Cuarto trimestre Modelo 303:

   – Regularizar porcentaje de prorrata:

   % = [72.188/(72.188 + 32.640)] × 100 = 68,863% con el redondeo al alza quedaría el 69% de prorrata.

   – Regularización:

   Deducción efectuada en los tres primeros trimestres = **918,63** (250,63 + 440,73 + 227,27).

   Deducción con la prorrata definitiva = **1.074,33** (293,11 + 515,43 + 265,79).

   Diferencia deducción = **155,70 €** que faltan por deducirse.

- Ventas o ingresos: $19.890 \times 18\% = 3.580,20$

  Total devengado $= 3.580,20$.

- Compras interiores: $(1.690,54 + 500) \times 18\% \times 69\% = 272,07$

- Regularización porcentaje prorrata $= 155,70$.

- Regularización de inversiones $= 0$ (el porcentaje de prorrata del año en curso y el correspondiente al año de compra no difieren en **más** de 10 puntos) → 69% año 2012 y 59% año 2011.

  Total a deducir $= 427,77$.

- Diferencia $= 3.580,20 - (272,07 + 155,70) = \mathbf{3.152,43}$

- Atribuible al Estado: 100%.

- Forma de pago: a ingresar **3.152,43 €**.

I.V.A. Devengado
Régimen General

Base imponible		Tipo %			Cuota	
[01] 19.890	,00	[02] 18	,00		[03] 3.580	,20
[04] 0		[05] 0			[06]	
[07]		[08]			[09]	

Recargo equivalencia

[10]		[11]			[12]	
[13]		[14]			[15]	
[16]		[17]			[18]	

Adquisiciones intracomunitarias

[19] 0		[20] 0	

Total cuota devengada (03+06+09+12+15+18+20)   [21] 3.580   ,20

I.V.A. Deducible

	Base imponible		Cuota	
Por cuotas soportadas en operaciones interiores corrientes.	[22] 2.190	,54	[23] 272	,07
Por cuotas soportadas en operaciones interiores con bienes de inversión.	[24]		[25]	
Por cuotas devengadas en las importaciones de bienes corrientes.	[26]		[27]	
Por cuotas devengadas en las importaciones de bienes de inversión.	[28]		[29]	
En adquisiciones intracomunitarias de bienes de corrientes.	[30] 0		[31] 0	
En adquisiciones intracomunitarias de bienes de inversión.	[32] 0		[33]	
Compensaciones Régimen Especial A.G. y P.			[34]	
Regularización inversiones.			[35]	
Regularización por aplicación del porcentaje definitivo de prorrata (sólo 4T o mes 12).			[36] 155	,70
Total a deducir (23+25+27+29+31+33+34+35+36)			[37] 427	,77
Diferencia (21-37)			[38] 3.152	,43
Atribuible a la Administración del Estado.	[39] 100	,00	[40] 3.152	,43
Cuotas a compensar de periodos anteriores.			[41] 0	

Liquidación de IRPF trimestral (rendimientos):

1. Primer trimestre Modelo 130:

    - Ingresos = (15.698 + 6.900) = 22.598
    - Gastos = (2.360 + (5% × 20.238)) = 3.371,9
    - Rendimiento neto = 19.226,10
    - 20% rendimiento = 3.845,22
    - Retenciones = 1.035
    - Pago fraccionado = **2.810,22**

2. Segundo trimestre Modelo 130:

    - Ingresos = (22.598 + 16.235 + 5.640) = 44.473
    - Gastos = (3.371,90 + 3.650 + 3.400 + 500 + (5% × 33.551,10)) = 12.599,46
    - Rendimiento neto = 31.873,54
    - 20% rendimiento = 6.374,71
    - Pagos a cuenta = 2.810,22
    - Retenciones = (846 + 1035) = 1.881
    - Pago fraccionado = **1.683,49**

3. Tercer trimestre Modelo 130:

    - Ingresos = (44.473 + 20.365 + 9.500) = 74.338
    - Gastos = (12.599,46 + 2.140 + 230 + 500 + (5% × 58.868,54)) = 18.412,89
    - Rendimiento neto = 55.925,11
    - 20% rendimiento = 11.185,02
    - Pagos a cuenta = (2.810,22 + 1.683,49) = 4.493,71
    - Retenciones = (1.035 + 846 + 1.425) = 3.306
    - Pago fraccionado = **3.385,31**

4. Primer trimestre Modelo 130:

    - Ingresos = (74.338 + 19.890 + 10.600) = 104.828

– Gastos = $(18.412,89 + 1690,54 + 500 + (5\% \times 84.224,57)) = 24.814,66$

– Rendimiento neto = $80.013,34$

– 20% rendimiento = $16.002,67$

– Pagos a cuenta = $(4.493,71 + 3.385,31) = 7.879,02$

– Retenciones = $(3.306 + 1.590) = 4.896$

– Pago fraccionado = **3.227,65**

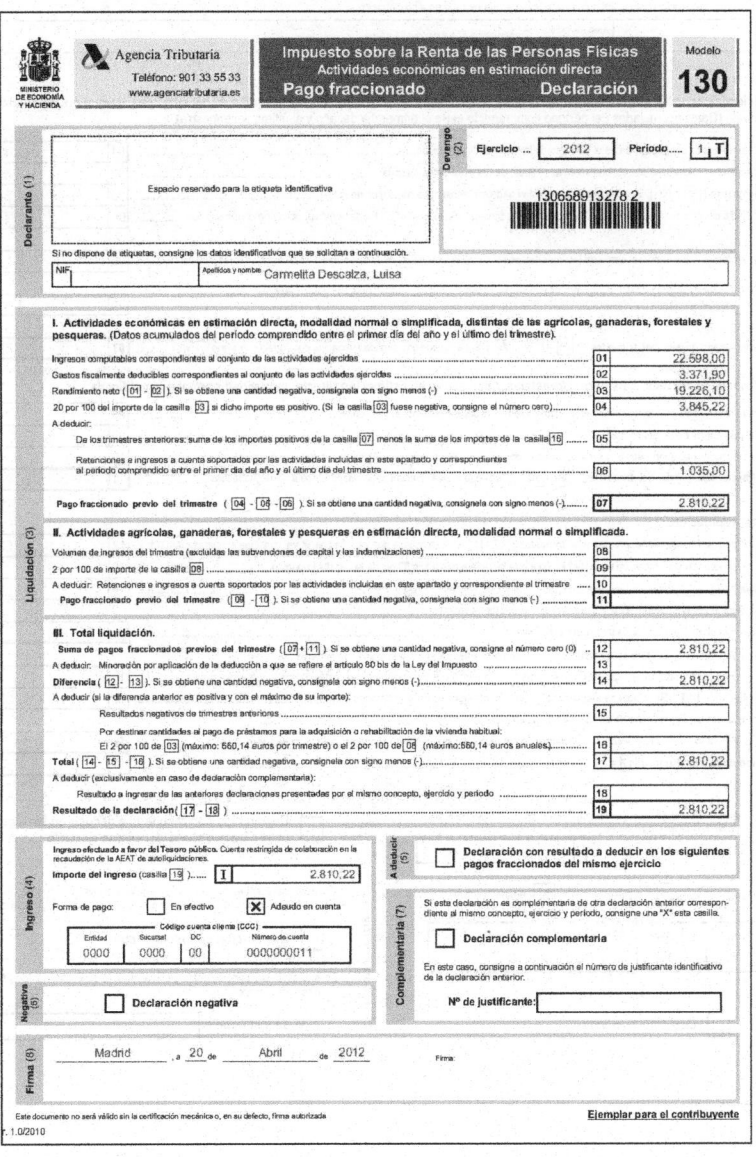

MINISTERIO DE ECONOMÍA Y HACIENDA

Agencia Tributaria
Teléfono: 901 33 55 33
www.agenciatributaria.es

Impuesto sobre la Renta de las Personas Físicas
Actividades económicas en estimación directa
Pago fraccionado — **Declaración**

Modelo **130**

Declarante (1)

Espacio reservado para la etiqueta identificativa

Devengo (2) Ejercicio ... 2012 Período ..... 2 T

130658913278 2

Si no dispone de etiquetas, consigne los datos identificativos que se solicitan a continuación.

NIF | Apellidos y nombre Carmelita Descalza, Luisa

Liquidación (3)

I. Actividades económicas en estimación directa, modalidad normal o simplificada, distintas de las agrícolas, ganaderas, forestales y pesqueras. (Datos acumulados del período comprendido entre el primer día del año y el último del trimestre).

Ingresos computables correspondientes al conjunto de las actividades ejercidas .... | 01 | 44.473,00
Gastos fiscalmente deducibles correspondientes al conjunto de las actividades ejercidas .... | 02 | 12.599,46
Rendimiento neto (01 - 02). Si se obtiene una cantidad negativa, consígnela con signo menos (-) .... | 03 | 31.873,54
20 por 100 del importe de la casilla 03 si dicho importe es positivo. (Si la casilla 03 fuese negativa, consigne el número cero) .... | 04 | 6.374,71

A deducir:

De los trimestres anteriores: suma de los importes positivos de la casilla 07 menos la suma de los importes de la casilla 16 .... | 05 | 2.810,22

Retenciones e ingresos a cuenta soportados por las actividades incluidas en este apartado y correspondientes al período comprendido entre el primer día del año y el último día del trimestre .... | 06 | 1.881,00

Pago fraccionado previo del trimestre (04 - 05 - 06). Si se obtiene una cantidad negativa, consígnela con signo menos (-)......... | 07 | 1.683,49

II. Actividades agrícolas, ganaderas, forestales y pesqueras en estimación directa, modalidad normal o simplificada.

Volumen de ingresos del trimestre (excluidas las subvenciones de capital y las indemnizaciones) .... | 08 |
2 por 100 de importe de la casilla 08 .... | 09 |
A deducir: Retenciones e ingresos a cuenta soportados por las actividades incluidas en este apartado y correspondiente al trimestre ..... | 10 |
Pago fraccionado previo del trimestre (09 - 10). Si se obtiene una cantidad negativa, consígnela con signo menos (-) .... | 11 |

III. Total liquidación.

Suma de pagos fraccionados previos del trimestre (07 + 11). Si se obtiene una cantidad negativa, consigne el número cero (0) .. | 12 | 1.683,49
A deducir: Minoración por aplicación de la deducción a que se refiere el artículo 80 bis de la Ley del Impuesto .... | 13 |
Diferencia (12 - 13). Si se obtiene una cantidad negativa, consígnela con signo menos (-)......... | 14 | 1.683,49

A deducir (si la diferencia anterior es positiva y con el máximo de su importe):

Resultados negativos de trimestres anteriores .... | 15 |

Por destinar cantidades al pago de préstamos para la adquisición o rehabilitación de la vivienda habitual:
El 2 por 100 de 03 (máximo: 660,14 euros por trimestre) o el 2 por 100 de 08 (máximo:660,14 euros anuales)........... | 16 |

Total (14 - 15 - 16). Si se obtiene una cantidad negativa, consígnela con signo menos (-)......... | 17 | 1.683,49

A deducir (exclusivamente en caso de declaración complementaria):

Resultado a ingresar de las anteriores declaraciones presentadas por el mismo concepto, ejercicio y período .... | 18 |
Resultado de la declaración (17 - 18) .... | 19 | 1.683,49

Ingreso (4)

Ingreso efectuado a favor del Tesoro público. Cuenta restringida de colaboración en la recaudación de la AEAT de autoliquidaciones.

Importe del ingreso (casilla 19)...... I 1.683,49

Forma de pago: ☐ En efectivo ☒ Adeudo en cuenta

Código cuenta cliente (CCC)
Entidad | Sucursal | DC | Número de cuenta
0000 | 0000 | 00 | 0000000011

A deducir (5)

☐ Declaración con resultado a deducir en los siguientes pagos fraccionados del mismo ejercicio

Complementaria (7)

Si esta declaración es complementaria de otra declaración anterior correspondiente al mismo concepto, ejercicio y período, consigne una "X" esta casilla.

☐ Declaración complementaria

En este caso, consigne a continuación el número de justificante identificativo de la declaración anterior.

Nº de justificante:

Negativa (6)

☐ Declaración negativa

Firma (8)

Madrid , a 20 de Julio de 2012 Firma:

Este documento no será válido sin la certificación mecánica o, en su defecto, firma autorizada

Ejemplar para el contribuyente

r. 1.0/2010

Agencia Tributaria Teléfono: 901 33 55 33 www.agenciatributaria.es	**Impuesto sobre la Renta de las Personas Físicas** Actividades económicas en estimación directa **Pago fraccionado** **Declaración**

MINISTERIO DE ECONOMÍA Y HACIENDA

Modelo **130**

Declarante (1)

Espacio reservado para la etiqueta identificativa

Devengo (2) Ejercicio ... 2012   Período .... 3 T

130658913278 2

Si no dispone de etiquetas, consigne los datos identificativos que se solicitan a continuación.

NIF   Apellidos y nombre **Carmelita Descalza, Luisa**

Liquidación (3)

I. Actividades económicas en estimación directa, modalidad normal o simplificada, distintas de las agrícolas, ganaderas, forestales y pesqueras. (Datos acumulados del período comprendido entre el primer día del año y el último del trimestre).

Ingresos computables correspondientes al conjunto de las actividades ejercidas	01	74.338,00
Gastos fiscalmente deducibles correspondientes al conjunto de las actividades ejercidas	02	18.412,89
Rendimiento neto (01 - 02). Si se obtiene una cantidad negativa, consígnela con signo menos (-)	03	55.925,11
20 por 100 del importe de la casilla 03 si dicho importe es positivo. (Si la casilla 03 fuese negativa, consigne el número cero)	04	11.185,02

A deducir:

De los trimestres anteriores: suma de los importes positivos de la casilla 07 menos la suma de los importes de la casilla 16	05	4.493,71
Retenciones e ingresos a cuenta soportados por las actividades incluidas en este apartado y correspondientes al período comprendido entre el primer día del año y el último día del trimestre	06	3.306,00
Pago fraccionado previo del trimestre (04 - 05 - 06). Si se obtiene una cantidad negativa, consígnela con signo menos (-)	**07**	3.385,31

II. Actividades agrícolas, ganaderas, forestales y pesqueras en estimación directa, modalidad normal o simplificada.

Volumen de ingresos del trimestre (excluidas las subvenciones de capital y las indemnizaciones)	08	
2 por 100 de importe de la casilla 08	09	
A deducir: Retenciones e ingresos a cuenta soportados por las actividades incluidas en este apartado y correspondientes al trimestre	10	
Pago fraccionado previo del trimestre (09 - 10). Si se obtiene una cantidad negativa, consígnela con signo menos (-)	**11**	

III. Total liquidación.

Suma de pagos fraccionados previos del trimestre (07 + 11). Si se obtiene una cantidad negativa, consigne el número cero (0)	12	3.385,31
A deducir: Minoración por aplicación de la deducción a que se refiere el artículo 80 bis de la Ley del Impuesto	13	
Diferencia (12 - 13). Si se obtiene una cantidad negativa, consígnela con signo menos (-)	14	3.385,31
A deducir (si la diferencia anterior es positiva y con el máximo de su importe):		
Resultados negativos de trimestres anteriores	15	
Por destinar cantidades al pago de préstamos para la adquisición o rehabilitación de la vivienda habitual: El 2 por 100 de 03 (máximo: 660,14 euros por trimestre) o el 2 por 100 de 08 (máximo:660,14 euros anuales)	16	
Total (14 - 15 - 16). Si se obtiene una cantidad negativa, consígnela con signo menos (-)	17	3.385,31
A deducir (exclusivamente en caso de declaración complementaria):		
Resultado a ingresar de las anteriores declaraciones presentadas por el mismo concepto, ejercicio y período	18	
Resultado de la declaración (17 - 18)	**19**	3.385,31

Ingreso (4)

Ingreso efectuado a favor del Tesoro público. Cuenta restringida de colaboración en la recaudación de la AEAT de autoliquidaciones.

Importe del ingreso (casilla 19) I   3.385,31

Forma de pago: ☐ En efectivo   ☒ Adeudo en cuenta

Código cuenta cliente (CCC)

Entidad	Sucursal	DC	Número de cuenta
0000	0000	00	0000000011

A deducir (6) ☐ **Declaración con resultado a deducir en los siguientes pagos fraccionados del mismo ejercicio**

Complementaria (7) Si esta declaración es complementaria de otra declaración anterior correspondiente al mismo concepto, ejercicio y período, consigne una "X" esta casilla.

☐ **Declaración complementaria**

En este caso, consigne a continuación el número de justificante identificativo de la declaración anterior.

Nº de justificante:

Negativa (5) ☐ **Declaración negativa**

Firma (8) Madrid , a 20 de Octubre de 2012   Firma:

Este documento no será válido sin la certificación mecánica o, en su defecto, firma autorizada

Ejemplar para el contribuyente

r. 1.0/2010

Agencia Tributaria
Teléfono: 901 33 55 33
www.agenciatributaria.es

MINISTERIO
DE ECONOMÍA
Y HACIENDA

Impuesto sobre la Renta de las Personas Físicas
Actividades económicas en estimación directa
Pago fraccionado **Declaración**

Modelo
130

Devengo (2) Ejercicio ... 2012 Período ..... 4 T

Declarante (1)

Espacio reservado para la etiqueta identificativa

130658913278 2

Si no dispone de etiquetas, consigne los datos identificativos que se solicitan a continuación.

NIF | Apellidos y nombre Carmelita Descalza, Luisa

Liquidación (3)

I. Actividades económicas en estimación directa, modalidad normal o simplificada, distintas de las agrícolas, ganaderas, forestales y pesqueras. (Datos acumulados del período comprendido entre el primer día del año y el último del trimestre).

Ingresos computables correspondientes al conjunto de las actividades ejercidas	01	104.828,00
Gastos fiscalmente deducibles correspondientes al conjunto de las actividades ejercidas	02	24.814,66
Rendimiento neto (01 - 02). Si se obtiene una cantidad negativa, consígnela con signo menos (-)	03	80.013,34
20 por 100 del importe de la casilla 03 si dicho importe es positivo. (Si la casilla 03 fuese negativa, consigne el número cero)	04	16.002,67

A deducir:

De los trimestres anteriores: suma de los importes positivos de la casilla 07 menos la suma de los importes de la casilla 16	05	7.879,02
Retenciones e ingresos a cuenta soportados por las actividades incluidas en este apartado y correspondientes al período comprendido entre el primer día del año y el último día del trimestre	06	4.896,00
Pago fraccionado previo del trimestre (04 - 05 - 06). Si se obtiene una cantidad negativa, consígnela con signo menos (-)	**07**	3.227,65

II. Actividades agrícolas, ganaderas, forestales y pesqueras en estimación directa, modalidad normal o simplificada.

Volumen de ingresos del trimestre (excluidas las subvenciones de capital y las indemnizaciones)	08	
2 por 100 de importe de la casilla 08	09	
A deducir: Retenciones e ingresos a cuenta soportados por las actividades incluidas en este apartado y correspondiente al trimestre	10	
Pago fraccionado previo del trimestre (09 - 10). Si se obtiene una cantidad negativa, consígnela con signo menos (-)	11	

III. Total liquidación.

Suma de pagos fraccionados previos del trimestre (07 + 11). Si se obtiene una cantidad negativa, consigna el número cero (0)	12	3.227,65
A deducir: Minoración por aplicación de la deducción a que se refiere el artículo 80 bis de la Ley del Impuesto	13	
Diferencia (12 - 13). Si se obtiene una cantidad negativa, consígnela con signo menos (-)	14	3.227,65
A deducir (si la diferencia anterior es positiva y con el máximo de su importe):		
Resultados negativos de trimestres anteriores	15	
Por destinar cantidades al pago de préstamos para la adquisición o rehabilitación de la vivienda habitual:		
El 2 por 100 de 03 (máximo: 660,14 euros por trimestre) o el 2 por 100 de 08 (máximo:660,14 euros anuales)	16	
Total (14 - 15 - 16). Si se obtiene una cantidad negativa, consígnela con signo menos (-)	17	3.227,65
A deducir (exclusivamente en caso de declaración complementaria):		
Resultado a ingresar de las anteriores declaraciones presentadas por el mismo concepto, ejercicio y período	18	
Resultado de la declaración (17 - 18)	**19**	3.227,65

Ingreso (4)

Ingreso efectuado a favor del Tesoro público. Cuenta restringida de colaboración en la recaudación de la AEAT de autoliquidaciones.

Importe del ingreso (casilla 19) ...... **I** 3.227,65

Forma de pago: ☐ En efectivo ☒ Adeudo en cuenta

Código cuenta cliente (CCC)

Entidad	Sucursal	DC	Número de cuenta
0000	0000	00	0000000011

Negativa (6)

☐ **Declaración negativa**

A deducir (5)

☐ Declaración con resultado a deducir en los siguientes pagos fraccionados del mismo ejercicio

Complementaria (7)

Si esta declaración es complementaria de otra declaración anterior correspondiente al mismo concepto, ejercicio y período, consigne una "X" esta casilla.

☐ **Declaración complementaria**

En este caso, consigne a continuación el número de justificante identificativo de la declaración anterior.

Nº de justificante:

Firma (8)

Madrid , a 20 de Enero de 2013 Firma:

Este documento no será válido sin la certificación mecánica o, en su defecto, firma autorizada

1.0/2010

Ejemplar para el contribuyente

Liquidación de IRPF trimestral (alquiler):

1. Primer trimestre Modelo 115: no se cumplimentará, puesto que el alquiler comienza en el segundo trimestre.

2. Segundo trimestre Modelo 115:

   – Perceptores: solamente existe un perceptor.

   – Base de las percepciones: 500 € trimestrales.

   – Retenciones: 95 €.

   – Resultado a ingresar: 95 €.

3. Tercer trimestre Modelo 115:

   – Dado que no se producen variaciones ni en la base del alquiler ni en el porcentaje el modelo será exactamente igual al mostrado para el segundo trimestre.

4. Cuarto trimestre Modelo 115:

   – Dado que no se producen variaciones ni en la base del alquiler ni en el porcentaje el modelo será exactamente igual al mostrado para el segundo y tercer trimestre.

El Modelo 111 no se tendrá que cumplimentar puesto que la titular no tiene a lo largo del ejercicio rentas a terceros retenidas, ni por rendimientos del trabajo (trabajadores), ni de actividades económicas (facturas pagadas con retención), premios u otras ganancias patrimoniales.

Aunque la práctica no lo pide explícitamente se recuerda al lector que a todos estos modelos se le añadirían los correspondientes anuales: por el lado del IVA se presentaría el Modelo 390 y, por el lado del IRPF, se debería presentar el Modelo 180 correspondiente a las retenciones de alquileres.

Agencia Tributaria

MINISTERIO
DE ECONOMIA
Y HACIENDA

Delegación

Administración de   Código de Administración

Impuesto sobre la Renta de las Personas Físicas
Impuesto sobre Sociedades.
Impuestos sobre la Renta de no residentes (establecimientos permanentes).
Retenciones e ingresos a cuenta sobre determinadas rentas o rendimientos procedentes del arrendamiento o subarrendamiento de inmuebles urbanos.
Declaración-documento de ingreso

Modelo
115

Identificación (1)

Espacio reservado para la etiqueta identificativa

Devengo (2)   Ejercicio.. 2012   Período.... 2T

114659716748 4

N.I.F.   Apellidos y nombre, denominación o razón social
Carmelita Descalza, Luisa

C./Plaza/Avda. | Domicilio fiscal, nombre de vía pública | Número | Esc. | Piso | Prta. | Teléfono

Municipio   Provincia   Código Postal

Liquidación (3)

RETENCIONES E INGRESOS A CUENTA

N.º de perceptores .... | 1 | 1

Base de las retenciones e ingresos a cuenta .... | 2 | 500,00

Retenciones e ingresos a cuenta .... | 3 | 95,00

A deducir (exclusivamente en caso de declaración complementaria):
Resultado a ingresar de la anterior o anteriores declaraciones del mismo concepto, ejercicio y período .... | 4 |

Resultado a ingresar (3 - 4) .... | 5 | 95,00

Complementaria (4)

Si esta declaración es complementara de otra declaración anterior correspondiente al mismo concepto, ejercicio y período, indíquelo marcando con una "X" esa casilla.

☐ Declaración complementaria

En este caso, consigne a continuación el número de justificante identificativo de la declaración anterior.

N.º de justificante _____

Ingreso (5)

Ingreso efectuado a favor del TESORO PÚBLICO, cuenta restringida de la Delegación de la A.E.A.T., para la RECAUDACIÓN de los TRIBUTOS.

Forma de pago: ☒ En efectivo   E.C.Adeudo en cuenta

Importe: I   95,00

Código cuenta cliente (CCC)
Entidad   Oficina   D.C.   Núm. de cuenta

Firma (6)

Fecha: Madrid, 20 de Julio de 2012 ....
Firma:

Ejemplar para el declarante

I/2010

5.2 CASO 2: ESTIMACIÓN OBJETIVA

Casiopeo López Delfín es titular de una actividad de instalación de cocinas y sus accesorios (Epígrafe 504.4) en la que trabaja el titular de la actividad y 2 empleados. El primer empleado realiza 1.600 horas anuales y el segundo empleado realiza 1.700 horas anuales.

Cuentan con 2 furgonetas (adquiridas en el año 2000) para el transporte de los materiales y para los trabajos realizados a domicilio, cada furgoneta tiene una potencia fiscal de 19 CVF. El consumo eléctrico declarado a finales del año 2011 fue de 610 Kwh y para el año 2012 de 730 Kwh.

Además conocemos la siguiente información:

- Se han realizado compras de mercancías por valor de: 500 € el primer trimestre, 1.200 € el segundo trimestre, 600 € el tercer trimestre y 1.800 € el cuarto trimestre (18% de IVA).

- El 1 de diciembre contrata a un nuevo empleado a jornada completa. También adquiere herramienta nueva para la actividad por 987 € (18% IVA).

- En el tercer trimestre recibe factura correspondiente al transporte realizado desde Francia hasta nuestro país. El importe de la factura es de 350,24 € (18% IVA).

Se trata de realizar los cálculos pertinentes para realizar los **modelos trimestrales** de IVA e IRPF en estimación objetiva para los cuatro trimestres del año 2012.

El porcentaje de ingreso a cuenta correspondiente al epígrafe 504.4 es del 4%.

Actividad:	Instalación de pararrayos y similares. Montaje e instalación de cocinas de todo tipo y clase, con todos sus accesorios. Montaje e instalación de aparatos elevadores de cualquier clase y tipo. Instalaciones telefónicas, telegráficas, telegráficas sin hilos y de televisión, en edificios y construcciones de cualquier clase. Montajes metálicos e instalaciones industriales completas, sin vender ni aportar la maquinaria ni los elementos objeto de la instalación o montaje.		
Epígrafe I.A.E.: 504.4, 5, 6, 7 y 8			

Módulo	Definición	Unidad	Cuota devengada anual por unidad Euros
1	Personal empleado	Persona	3.681,54
2	Consumo de energía eléctrica	100 Kwh	24,25
3	Potencia fiscal vehículo	CVF	2,96

Cuota mínima por operaciones corrientes: 19% de la cuota devengada por operaciones corrientes.

Actividad: Instalación de pararrayos y similares. Montaje e instalación de cocinas de todo tipo y clase, con todos sus accesorios. Montaje e instalación de aparatos elevadores de cualquier clase y tipo. Instalaciones telefónicas, telegráficas, telegráficas sin hilos y de televisión, en edificios y construcciones de cualquier clase. Montajes metálicos e instalaciones industriales completas, sin vender ni aportar la maquinaria ni los elementos objeto de la instalación o montaje.

Epígrafe I.A.E.: 504.4, 5, 6, 7 y 8

Módulo	Definición	Unidad	Rendimiento anual por unidad antes de amortización Euros
1	Personal asalariado	Persona	6.575,75
2	Personal no asalariado	Persona	20.854,69
3	Consumo de energía eléctrica	100 Kwh	69,28
4	Potencia fiscal vehículo	CVF	132,27

Solución:

Liquidación de IVA trimestral:

- **Primer trimestre**:

  – Cálculo del ingreso a cuenta:

  Personal empleado: $[1 + (1.600/1.800) + (1.700/1.800)] \times 3.681,54 = 10.431,03$

  Consumo energía: $610/100$ Kw $\times 24,25 = 147,93$

  Potencia fiscal: $(2 \times 19) \times 2,96 = 112,48$

  Total Cuota Devengada por operaciones corrientes = 10.691,44 €.

  Ingreso a cuenta = $10.691,44 \times 4\% = 427,66$ €

  – Cumplimentación del modelo (ver hojas siguientes).

- **Segundo trimestre**:

  – El ingreso a cuenta será el mismo que el calculado para el primer trimestre → 427,66 €.

  – Cumplimentación del modelo (ver hojas siguientes).

- **Tercer trimestre**:

  – El ingreso a cuenta será el mismo que el calculado para el primer trimestre → 427,66 €.

  – Casilla 02: cuotas de IVA devengado por las adquisiciones intracomunitarias realizadas → 350,24 × 18% = **63,04 €**

  – Cumplimentación del modelo (ver hojas siguientes).

- **Cuarto trimestre**:

  – Recalcular el ingreso a cuenta y regularizar:

    Personal empleado: $[1 + (1.600/1.800) + (1.700/1.800) + (1 \times 1/12)] \times 3.681,54 = 10.737,83$

    Consumo energía: $730/100$ Kw × 24,25 = 177,03

    Potencia fiscal: $(2 \times 19) \times 2,96 = 112,48$

    Total Cuota Devengada por operaciones corrientes = **11.027,34 €**.

  – Calcular la cuota soportada por operaciones corrientes:

    $(500 + 1.200 + 600 + 1.800) \times 18\% = 738$

  – Calcular el 1% de difícil justificación: $11.027,34 \times 1\% = 110,27$

  – Calcular la cuota anual= $11.027,34 - (738+110,27) = 10.179,07$

  – Calculamos la cuota mínima = $11.027,34 \times 19\% = 2.095,19$ €

  – Cuota derivada del régimen simplificado: la mayor de las dos cuotas anteriores es **10.179,07 €**.

  – El cuarto trimestre adquiere herramienta considerada activo fijo, el IVA correspondiente será deducible → $987 \times 18\% = 177,66$

  – Ver modelo cumplimentado al finalizar el ejemplo.

MINISTERIO DE ECONOMIA Y HACIENDA

Agencia Tributaria
Teléfono: 901 33 55 33
www.agenciatributaria.es

IMPUESTO SOBRE EL VALOR AÑADIDO
RÉGIMEN SIMPLIFICADO
Declaración ordinaria

Modelo 310

Declarante (1)

Ejercicio _ 2012   Período ____ 1T

Espacio reservado para la etiqueta identificativa

310666755710 4

Si no dispone de etiquetas, consigne los datos identificativos que se solicitan a continuación.

NIF   Apellidos y Nombre o Razón Social
                        LÓPEZ DELFÍN, CASIOPEO

Liquidación (3)

Actividades en régimen simplificado
(excepto agrícolas, ganaderas y forestales)

Epígrafe IAE (a)	Ingreso a cuenta (b)
504.4	427,66

Actividades agrícolas, ganaderas y forestales   Descripción de la actividad (a)

Ingreso a cuenta (b)

Suma de ingresos a cuenta del conjunto de actividades ejercida	01	427,66

Cuotas devengadas

Adquisiciones intracomunitarias de bienes	02	
Entregas de activos fijos	03	
IVA devengado por inversión del sujeto pasivo	04	
Total cuota resultante (01 + 02 + 03 + 04)	05	427,66

IVA Deducible

Adquisición o importación de activos fijos	06	

Entregas intracomunitarias
10

Diferencia (05 - 06)	07	427,66
Cuotas a compensar de períodos anteriores	08	
RESULTADO (07 - 08)	09	427,66
A deducir (exclusivamente en caso de declaración complementaria): Resultado de la anterior o anteriores declaraciones del mismo concepto, ejercicio y período	11	
Resultado de la liquidación (09 - 11)	12	427,66

Compensación (4)

Si la casilla 12 resulta negativa, consigne el importe a compensar

C

Sin actividad (5)

Sin actividad

Ingreso (6)

Ingreso efectuado a favor del Tesoro Público. Cuenta restringida de colaboración en la recaudación de la AEAT de declaraciones-liquidaciones o autoliquidaciones

Importe: I   427,66

Forma de pago: ☒ En efectivo   ☐ EC adeudo en cuenta
Código Cuenta Cliente (CCC)

Entidad	Sucursal	DC	Núm de cuenta

Firma (8)

Madrid ..... a 20 de Abril .... de 2012
Firma:

Declaración complementaria (7)

Si esta declaración es complementaria de otra declaración anterior correspondiente al mismo concepto, ejercicio y período, indíquelo marcando con una "X" esta casilla.

☐ Declaración complementaria

En este caso, consigne a continuación el número de justificante identificativo de la declaración anterior.

N.º de justificante

Este documento no será válido sin la certificación mecánica o, en su defecto, firma autorizada.

Ejemplar para el sujeto pasivo

. 1.1/2010

MINISTERIO DE ECONOMIA Y HACIENDA

Agencia Tributaria

Teléfono: 901 33 55 33
www.agenciatributaria.es

IMPUESTO SOBRE EL VALOR AÑADIDO
RÉGIMEN SIMPLIFICADO
Declaración ordinaria

Modelo 310

Declarante (1)

Ejercicio _ 2012   Período _____ 2T

Espacio reservado para la etiqueta identificativa

310666755710 4

Si no dispone de etiquetas, consigne los datos identificativos que se solicitan a continuación.

NIF   Apellidos y Nombre o Razón Social
LÓPEZ DELFÍN, CASIOPEO

Liquidación (3)

Actividades en régimen simplificado (excepto agrícolas, ganaderas y forestales)

	Epígrafe IAE (a)	Ingreso a cuenta (b)
	504.4	427,66

Actividades agrícolas, ganaderas y forestales   Descripción de la actividad (a)   Ingreso a cuenta (b)

Suma de ingresos a cuenta del conjunto de actividades ejercida   **01**   427,66

Cuotas devengadas

Adquisiciones intracomunitarias de bienes   **02**
Entregas de activos fijos   **03**
IVA devengado por inversión del sujeto pasivo   **04**
Total cuota resultante (01 + 02 + 03 + 04)   **05**   427,66

IVA Deducible

Adquisición o importación de activos fijos   **06**

Entregas intracomunitarias
10

Diferencia (05 - 06)   **07**   427,66
Cuotas a compensar de períodos anteriores   **08**
RESULTADO (07 - 08)   **09**   427,66
A deducir (exclusivamente en caso de declaración complementaria):
Resultado de la anterior o anteriores declaraciones del mismo concepto, ejercicio y período   **11**
Resultado de la liquidación (09 - 11)   **12**   427,66

Compensación (4)

Si la casilla 12 resulta negativa, consigne el importe a compensar

C

Ingreso (6)

Ingreso efectuado a favor del Tesoro Público. Cuenta restringida de colaboración en la recaudación de la AEAT de declaraciones-liquidaciones o autoliquidaciones

Importe: I   427,66

Forma de pago: [X] En efectivo   [ ] EC adeudo en cuenta
Código Cuenta Cliente (CCC)

Entidad	Sucursal	DC	Núm. de cuenta

Sin actividad (5)

[ ] **Sin actividad**

Firma (8)

Madrid   a 20 de Julio de 2012
Firma:

Declaración complementaria (7)

Si esta declaración es complementaria de otra declaración anterior correspondiente al mismo concepto, ejercicio y período, indíquelo marcando con una "X" esta casilla.

[ ] Declaración complementaria

En este caso, consigne a continuación el número de justificante identificativo de la declaración anterior.

N.º de justificante

Este documento no será válido sin la certificación mecánica o, en su defecto, firma autorizada.

Ejemplar para el sujeto pasivo

1.1/2010

MINISTERIO DE ECONOMÍA Y HACIENDA

Agencia Tributaria

Delegación de
Administración de
Código de Administración

IMPUESTO SOBRE EL VALOR AÑADIDO
RÉGIMEN SIMPLIFICADO
Declaración - Liquidación Final en euros

Modelo 311

Identificación (1)

Devengo (2) — Ejercicio: 2012 — Período ...... 4 T

Espacio reservado para la etiqueta identificativa

374655967360 4

N.I.F | Apellidos y Nombre o Razón Social
LÓPEZ DELFÍN, CASIOPEO

Calle, Plaza, Avda. | Nombre de la vía pública | Número | Esc. | Piso | Puerta

Código Postal | Municipio | Provincia | Teléfono

Liquidación (3)

Actividades en régimen simplificado
(excepto agrícolas, ganaderas y forestales)

	Epígrafe I.A.E. (a)	Cuota derivada régimen simplificado (b)
	504.4	10.179,07

Actividades agrícolas, ganaderas y forestales

Descripción de la actividad (a) | Cuota derivada régimen simplificado (b)

Suma de cuotas derivadas régimen simplificado	01	10.179,07
Suma de ingresos a cuenta realizados en el ejercicio	02	1.346,02
Resultado (01 - 02)	03	8.833,05

Cuotas devengadas

Adquisiciones intracomunitarias de bienes	04	
Entregas de activos fijos	05	
I.V.A. devengado por inversión del sujeto pasivo	06	
Total cuota resultante (03 + 04 + 05 + 06)	07	8.833,05

I.V.A. Deducible

Adquisición o importación de activos fijos	08	177,66
Regularización bienes de inversión	09	
Total I.V.A. deducible (08 + 09)	10	177,66

Entregas intracomunitarias 14

Diferencia (07 - 10)	11	8.655,39
Cuotas a compensar de períodos anteriores	12	
RESULTADO (11 - 12)	13	8.655,39
A deducir (exclusivamente en caso de declaración complementaria): Resultado de la anterior o anteriores declaraciones del mismo concepto, ejercicio y período	15	
Resultado de la liquidación (13 - 15)	16	8.655,39

Compensación (4)

Si resulta 16 negativa consignar el importe a compensar

C

Sin actividad (5)

Sin actividad

Devolución (6)

Manifiesto a esa Delegación que el importe a devolver reseñado deseo me sea abonado mediante transferencia bancaria a la cuenta indicada de la que soy titular:

Importe: D

Código Cuenta Cliente (CCC)
Entidad | Sucursal | DC | Número de cuenta

Ingreso (7)

Ingreso efectuado a favor del Tesoro Público, cuenta restringida de la Delegación de la A.E.A.T. para la Recaudación de los Tributos

Forma de pago: X E.C. En efectivo | E.C. Adeudo en cuenta

Importe: I | 8.655,39

Código Cuenta Cliente (CCC)
Entidad | Sucursal | DC | Número de cuenta

Declaración complementaria (8)

Si esta declaración es complementaria de otra declaración anterior correspondiente al mismo concepto, ejercicio y período, indíquelo marcando con una "X" esta casilla.

Declaración complementaria:
En este caso, consigne a continuación el número de justificante identificativo de la declaración anterior.

Nº de justificante

Sujeto Pasivo (9)

Madrid a 20 de Enero de 2013 | Firma:

Este documento no será válido sin la certificación mecánica o, en su defecto, firma autorizada.

ver. 1.0/2010

Ejemplar para el sujeto pasivo

Liquidación de IRPF trimestral:

- **Primer trimestre**:

  - Cálculo del rendimiento neto previo:

    Personal asalariado: $(1.600/1.800) + (1.700/1.800) = 1,83 \times 6.575,75$ $=12.033,62$

    Personal no asalariado: $1 \times 20.854,69 = 20.854,69$

    Consumo energía: $610/100$ Kw $\times 24,25 = 147,93$

    Potencia fiscal: $(2 \times 19) \times 2,96 = 112,48$

    Rendimiento neto previo $= 12.033,62 + 20.854,69 + 147,93 + 112,48$ $= \mathbf{33.148,72 \; €}$

  - Calcular el rendimiento neto minorado: no existen incentivos al empleo o a la inversión dada la comparativa de información entre el año 2010 y 2011.

  - No existen índices correctores que aplicar.

  - Cumplimentar el modelo (ver hojas siguientes).

- **Segundo trimestre**:

  - El rendimiento neto será el mismo que el calculado en el primer trimestre puesto que no se producen variaciones en el módulo correspondiente → 33.148,72 €.

  - Cumplimentar el modelo (ver hojas siguientes).

- **Tercer trimestre**:

  - El rendimiento neto será el mismo que el calculado en el primer trimestre puesto que no se producen variaciones en el módulo correspondiente → 33.148,72 €.

  - Cumplimentar el modelo (ver hojas siguientes).

- **Cuarto trimestre**:

    – Recalcular el rendimiento neto previo:

    Personal asalariado: $(1.600/1.800) + (1.700/1.800) + (1 \times 1/12) = 1,92 \times 6.575,75 = 12.625,44$

    Personal no asalariado: $1 \times 20.854,69 = 20.854,69$

    Consumo energía: $730/100 \text{ Kw} \times 24,25 = 177,03$

    Potencia fiscal: $(2 \times 19) \times 2,96 = 112,48$

    Rendimiento neto previo $= 12.625,44 + 20.854,69 + 177,03 + 112,48$ $= \mathbf{33.769,64\ €}$

    – Calcular el rendimiento neto minorado.

    Incentivos al empleo:

    Año 2011 $\rightarrow (1.600/1.800) + (1.700/1.800) = 1,83$

    Año 2012 $\rightarrow (1.600/1.800) + (1.700/1.800) + (1 \times 1/12) = 1,92$

    Por cuota: $0,4 \times (1,92 - 1,83) = 0,04$

    Por tramos: $1,83 \times 0,15 = 0,27$

    Total: $(0,04 + 0,27) \times 6.575,75 = \mathbf{2.038,48}$

    Incentivos a la inversión:

    Amortización vehículos: ya finalizada.

    Amortización herramientas: $987 \times 1/12 \times 40\% = \mathbf{32,9}$

    Rendimiento neto minorado $= 33.769,64 - 2.038,48 - 32,9 = \mathbf{31.698,26\ €}$

    – Calcular el rendimiento neto tras los índices correctores: en este caso no corresponde ningún índice corrector.

    – Cumplimentar el modelo (ver hojas siguientes).

MINISTERIO DE ECONOMÍA Y HACIENDA	Agencia Tributaria Teléfono: 901 33 55 33 www.agenciatributaria.es	**Impuesto sobre la Renta de las Personas Físicas** Actividades económicas en estimación objetiva **Pago fraccionado** — **Declaración**	Modelo **131**

Declarante (1)

Espacio reservado para la etiqueta identificativa

Devengo (2) Ejercicio ... 2012 Período ..... 1 T

131668449135 1

Si no dispone de etiquetas, consigne los datos identificativos que se solicitan a continuación.

NIF | Apellidos y nombre LÓPEZ DELFÍN, CASIOPEO

Liquidación (3)

I. Actividades económicas en estimación objetiva distintas de las agrícolas, ganaderas y forestales.

Actividad (epígrafe IAE)	Rendimiento neto de la actividad a efectos del pago fraccionado	Porcentaje aplicable	Resultado de aplicar el porcentaje correspondiente a cada actividad
504.4	33.148,72	4	1.325,95

Suma de rendimientos netos ... **01** 33.148,72

Pago fraccionado previo del trimestre: suma de resultados **02** 1.325,95

II. Actividades económicas en estimación objetiva distintas de las agrícolas, ganaderas y forestales, sin posibilidad de determinar ninguno de los datos-base a efectos del pago fraccionado.

Volumen de ventas o ingresos del trimestre (excluidas las subvenciones de capital y las indemnizaciones)........... **03**

Pago fraccionado previo del trimestre: el 2 por 100 del importe de la casilla **03** **04**

III. Actividades agrícolas, ganaderas y forestales en estimación objetiva.

Volumen de ingresos del trimestre (excluidas las subvenciones de capital y las indemnizaciones) **05**

Pago fraccionado previo del trimestre: el 2 por 100 del importe de la casilla **05** **06**

IV. Total liquidación.

Suma de pagos fraccionados previos del trimestre (**02** + **04** + **05**)............... **07** 1.325,95

A deducir: Retenciones e ingresos a cuenta soportados correspondientes al trimestre **08**

Minoración por aplicación de la deducción a que se refiere el artículo 80 bis de la Ley del Impuesto **09**

Diferencia (**07** - **08** - **09**). Si se obtiene una cantidad negativa, consígnela con signo menos (-) **10** 1.325,95

A deducir (si la diferencia anterior es positiva y hasta el máximo de su importe):

Resultados negativos de trimestres anteriores **11**

Por destinar cantidades al pago de préstamos para la adquisición o rehabilitación de la vivienda habitual:
La suma del 0,5 por 100 de **01** y del 2 por 100 de **03** , o el 2 por 100 de **05** (máximo: 660,14 euros anuales)............... **12**

Total (**10** - **11** - **12**). Si se obtiene una cantidad negativa, consígnela con signo menos (-) **13** 1.325,95

A deducir (exclusivamente en caso de declaración complementaria):

Resultado a ingresar de las anteriores declaraciones presentadas por el mismo concepto, ejercicio y período **14**

Resultado de la declaración (**13** - **14**). Si se obtiene una cantidad negativa, consígnela con signo menos (-) **15** 1.325,95

Ingreso (4)

Ingreso efectuado a favor del Tesoro público. Cuenta restringida de colaboración en la recaudación de la AEAT de autoliquidaciones.

Importe del ingreso (casilla **15**) ...... I 1.325,95

Forma de pago: [X] En efectivo [ ] Adeudo en cuenta

Código cuenta cliente (CCC)
Entidad | Sucursal | DC | Número de cuenta

A deducir (5)

[ ] **Declaración con resultado a deducir en los siguientes pagos fraccionados del mismo ejercicio**

Complementaria (7)

Si esta declaración es complementaria de otra declaración anterior correspondiente al mismo concepto, ejercicio y período, consigne una "X" esta casilla.

[ ] **Declaración complementaria**

En este caso, consigne a continuación el número de justificante identificativo de la declaración anterior.

Nº de justificante:

Negativa (6)

[ ] **Declaración negativa**

Firma (8)

Madrid , a 20 de Abril de 2012

Firma:

Este documento no será válido sin la certificación mecánica o, en su defecto, firma autorizada

Ejemplar para el contribuyente

r. 1.0/2010

MINISTERIO DE ECONOMÍA Y HACIENDA	**Agencia Tributaria** Teléfono: 901 33 55 33 www.agenciatributaria.es	**Impuesto sobre la Renta de las Personas Físicas** Actividades económicas en estimación objetiva **Pago fraccionado** **Declaración**	Modelo **131**

Declarante (1)

Espacio reservado para la etiqueta identificativa

Devengo (2)   Ejercicio ... 2012   Período ..... 2 T

131668449135 1

Si no dispone de etiquetas, consigne los datos identificativos que se solicitan a continuación.

NIF   Apellidos y nombre   LÓPEZ DELFÍN, CASIOPEO

Liquidación (3)

I. Actividades económicas en estimación objetiva distintas de las agrícolas, ganaderas y forestales.

Actividad (epígrafe IAE)	Rendimiento neto de la actividad a efectos del pago fraccionado	Porcentaje aplicable		Resultado de aplicar el porcentaje correspondiente a cada actividad
504.4	33.148,72	4		1.325,95

Suma de rendimientos netos ... **01**   33.148,72

Pago fraccionado previo del trimestre: suma de resultados   **02**   1.325,95

II. Actividades económicas en estimación objetiva distintas de las agrícolas, ganaderas y forestales, sin posibilidad de determinar ninguno de los datos-base a efectos del pago fraccionado.

Volumen de ventas o ingresos del trimestre (excluidas las subvenciones de capital y las indemnizaciones) **03**

Pago fraccionado previo del trimestre: el 2 por 100 del importe de la casilla **03** **04**

III. Actividades agrícolas, ganaderas y forestales en estimación objetiva.

Volumen de ingresos del trimestre (excluidas las subvenciones de capital y las indemnizaciones) **05**

Pago fraccionado previo del trimestre: el 2 por 100 del importe de la casilla **05** **06**

IV. Total liquidación.

Suma de pagos fraccionados previos del trimestre (**02** + **04** + **06**) **07**   1.325,95

A deducir: Retenciones e ingresos a cuenta soportados correspondientes al trimestre **08**

Minoración por aplicación de la deducción a que se refiere el artículo 80 bis de la Ley del Impuesto **09**

Diferencia (**07** - **08** - **09**). Si se obtiene una cantidad negativa, consígnela con signo menos (-) **10**   1.325,95

A deducir (si la diferencia anterior es positiva y con el máximo de su importe):

Resultados negativos de trimestres anteriores **11**

Por destinar cantidades al pago de préstamos para la adquisición o rehabilitación de la vivienda habitual:

La suma del 0,5 por 100 de **01** y del 2 por 100 de **03** , o el 2 por 100 de **05** (máximo: 660,14 euros anuales) **12**

Total(**10** - **11** - **12**). Si se obtiene una cantidad negativa, consígnela con signo menos (-) **13**   1.325,95

A deducir (exclusivamente en caso de declaración complementaria):

Resultado a ingresar de las anteriores declaraciones presentadas por el mismo concepto, ejercicio y período **14**

Resultado de la declaración (**13** - **14**). Si se obtiene una cantidad negativa, consígnela con signo menos (-) **15**   1.325,95

Ingreso (4)

Ingreso efectuado a favor del Tesoro público. Cuenta restringida de colaboración en la recaudación de la AEAT de autoliquidaciones.

Importe del ingreso (casilla **15**) ...... **I**   1.325,95

Forma de pago: [X] En efectivo   [ ] Adeudo en cuenta

Código cuenta cliente (CCC)
Entidad	Sucursal	DC	Número de cuenta

A deducir (5)

[ ] Declaración con resultado a deducir en los siguientes pagos fraccionados del mismo ejercicio

Complementaria (7)

Si esta declaración es complementaria de otra declaración anterior correspondiente al mismo concepto, ejercicio y período, consigne una "X" esta casilla.

[ ] Declaración complementaria

En este caso, consigne a continuación el número de justificante identificativo de la declaración anterior.

Nº de justificante:

Negativa (6)

[ ] Declaración negativa

Firma (8)

Madrid , a 20 de Julio de 2012   Firma:

Este documento no será válido sin la certificación mecánica o, en su defecto, firma autorizada

Ejemplar para el contribuyente

1.0/2010

| MINISTERIO DE ECONOMÍA Y HACIENDA | Agencia Tributaria
Teléfono: 901 33 55 33
www.agenciatributaria.es | Impuesto sobre la Renta de las Personas Físicas
Actividades económicas en estimación objetiva
Pago fraccionado   Declaración | Modelo
131 |

Declarante (1)

Espacio reservado para la etiqueta identificativa

Devengo (2) Ejercicio ... 2012   Período ..... 3 T

131668449135 1

Si no dispone de etiquetas, consigne los datos identificativos que se solicitan a continuación.

NIF   Apellidos y nombre LÓPEZ DELFÍN, CASIOPEO

Liquidación (3)

I. Actividades económicas en estimación objetiva distintas de las agrícolas, ganaderas y forestales.

Actividad (epígrafe IAE)	Rendimiento neto de la actividad a efectos del pago fraccionado	Porcentaje aplicable		Resultado de aplicar el porcentaje correspondiente a cada actividad
504.4	33.148,72	4		1.325,95

Suma de rendimientos netos ... 01 33.148,72

Pago fraccionado previo del trimestre: suma de resultados 02 1.325,95

II. Actividades económicas en estimación objetiva distintas de las agrícolas, ganaderas y forestales, sin posibilidad de determinar ninguno de los datos-base a efectos del pago fraccionado.

Volumen de ventas o ingresos del trimestre (excluidas las subvenciones de capital y las indemnizaciones) 03

Pago fraccionado previo del trimestre: el 2 por 100 del importe de la casilla 03 04

III. Actividades agrícolas, ganaderas y forestales en estimación objetiva.

Volumen de ingresos del trimestre (excluidas las subvenciones de capital y las indemnizaciones) 05

Pago fraccionado previo del trimestre: el 2 por 100 del importe de la casilla 05 06

IV. Total liquidación.

Suma de pagos fraccionados previos del trimestre (02 + 04 + 06) 07 1.325,95

A deducir: Retenciones e ingresos a cuenta soportados correspondientes al trimestre 08

Minoración por aplicación de la deducción a que se refiere el artículo 80 bis de la Ley del Impuesto 09

Diferencia (07 - 08 - 09). Si se obtiene una cantidad negativa, consígnela con signo menos (-) 10 1.325,95

A deducir (si la diferencia anterior es positiva y con el máximo de su importe):

Resultados negativos de trimestres anteriores 11

Por destinar cantidades al pago de préstamos para la adquisición o rehabilitación de la vivienda habitual:

La suma del 0,5 por 100 de 01 y el 2 por 100 de 03 , o el 2 por 100 de 05 (máximo: 660,14 euros anuales) 12

Total (10 - 11 - 12). Si se obtiene una cantidad negativa, consígnela con signo menos (-) 13 1.325,95

A deducir (exclusivamente en caso de declaración complementaria):

Resultado a ingresar de las anteriores declaraciones presentadas por el mismo concepto, ejercicio y período 14

Resultado de la declaración (13 - 14). Si se obtiene una cantidad negativa, consígnela con signo menos (-) 15 1.325,95

Ingreso (4)

Ingreso efectuado a favor del Tesoro público. Cuenta restringida de colaboración en la recaudación de la AEAT de autoliquidaciones.

Importe del ingreso (casilla 15) ...... I 1.325,95

Forma de pago: [X] En efectivo   [ ] Adeudo en cuenta

Código cuenta cliente (CCC)

Entidad   Sucursal   DC   Número de cuenta

A deducir (5)

[ ] Declaración con resultado a deducir en los siguientes pagos fraccionados del mismo ejercicio

Complementaria (7)

Si esta declaración es complementaria de otra declaración anterior correspondiente al mismo concepto, ejercicio y período, consigne una "X" esta casilla.

[ ] Declaración complementaria

En este caso, consigne a continuación el número de justificante identificativo de la declaración anterior.

Nº de justificante:

Negativa (6)

[ ] Declaración negativa

Firma (8)

Madrid , a 20 de Octubre de 2012   Firma:

Este documento no será válido sin la certificación mecánica o, en su defecto, firma autorizada

Ejemplar para el contribuyente

1.0/2010

	Agencia Tributaria Teléfono: 901 33 55 33 www.agenciatributaria.es	Impuesto sobre la Renta de las Personas Físicas Actividades económicas en estimación objetiva **Pago fraccionado** _____ **Declaración**	Modelo **131**

MINISTERIO DE ECONOMÍA Y HACIENDA

Declarante (1)

Espacio reservado para la etiqueta identificativa

Devengo (2) Ejercicio ... `2012` Período..... `4 T`

131668449135 1

Si no dispone de etiquetas, consigne los datos identificativos que se solicitan a continuación.

NIF | Apellidos y nombre LÓPEZ DELFÍN, CASIOPEO

Liquidación (3)

I. Actividades económicas en estimación objetiva distintas de las agrícolas, ganaderas y forestales.

Actividad (epígrafe IAE)	Rendimiento neto de la actividad a efectos del pago fraccionado	Porcentaje aplicable		Resultado de aplicar el porcentaje correspondiente a cada actividad
504.4	31.698,26	4		1.267,93

Suma de rendimientos netos ... `01` 31.698,26

Pago fraccionado previo del trimestre: suma de resultados .... `02` 1.267,93

II. Actividades económicas en estimación objetiva distintas de las agrícolas, ganaderas y forestales, sin posibilidad de determinar ninguno de los datos-base a efectos del pago fraccionado.

Volumen de ventas o ingresos del trimestre (excluidas las subvenciones de capital y las indemnizaciones) .... `03`

Pago fraccionado previo del trimestre: el 2 por 100 del importe de la casilla `03` .... `04`

III. Actividades agrícolas, ganaderas y forestales en estimación objetiva.

Volumen de ingresos del trimestre (excluidas las subvenciones de capital y las indemnizaciones) .... `05`

Pago fraccionado previo del trimestre: el 2 por 100 del importe de la casilla `05` .... `06`

IV. Total liquidación.

Suma de pagos fraccionados previos del trimestre (`02` + `04` + `06` **)** .... `07` 1.267,93

A deducir: Retenciones e ingresos a cuenta soportados correspondientes al trimestre .... `08`

Minoración por aplicación de la deducción a que se refiere el artículo 80 bis de la Ley del Impuesto .... `09`

Diferencia (`07` - `08` - `09` **). Si se obtiene una cantidad negativa, consígnela con signo menos (-)** .... `10` 1.267,93

A deducir (si la diferencia anterior es positiva y con el máximo de su importe):

Resultados negativos de trimestres anteriores .... `11`

Por destinar cantidades al pago de préstamos para la adquisición o rehabilitación de la vivienda habitual:

La suma del 0,5 por 100 de `01` y del 2 por 100 de `03`, o el 2 por 100 de `05` (máximo: 660,14 euros anuales) .... `12`

Total (`10` - `11` - `12` **). Si se obtiene una cantidad negativa, consígnela con signo menos (-)** .... `13` 1.267,93

A deducir (exclusivamente en caso de declaración complementaria):

Resultado a ingresar de las anteriores declaraciones presentadas por el mismo concepto, ejercicio y periodo .... `14`

Resultado de la declaración (`13` - `14` **). Si se obtiene una cantidad negativa, consígnela con signo menos (-)** .... `15` 1.267,93

Ingreso (4)

Ingreso efectuado a favor del Tesoro público. Cuenta restringida de colaboración en la recaudación de la AEAT de autoliquidaciones.

Importe del ingreso (casilla `15` **)** ...... `I` 1.267,93

Forma de pago: [X] En efectivo [ ] Adeudo en cuenta

Código cuenta cliente (CCC)

Entidad | Sucursal | DC | Número de cuenta

A deducir (5)

[ ] **Declaración con resultado a deducir en los siguientes pagos fraccionados del mismo ejercicio**

Complementaria (7)

Si esta declaración es complementaria de otra declaración anterior correspondiente al mismo concepto, ejercicio y periodo, consigne una "X" esta casilla.

[ ] **Declaración complementaria**

En este caso, consigne a continuación el número de justificante identificativo de la declaración anterior.

Nº de justificante:

Negativa (6)

[ ] **Declaración negativa**

Firma (8)

Madrid , a `20` de Enero de `2013` Firma

Este documento no será válido sin la certificación mecánica o, en su defecto, firma autorizada

1.0/2010

Ejemplar para el contribuyente

ÍNDICE ALFABÉTICO

© RA-MA

ÍNDICE ALFABÉTICO 191

SÍGUENOS EN INSTAGRAM Y ACCEDE GRATIS A NUESTRA BIBLIOTECA DIGITAL DURANTE 30 DÍAS.

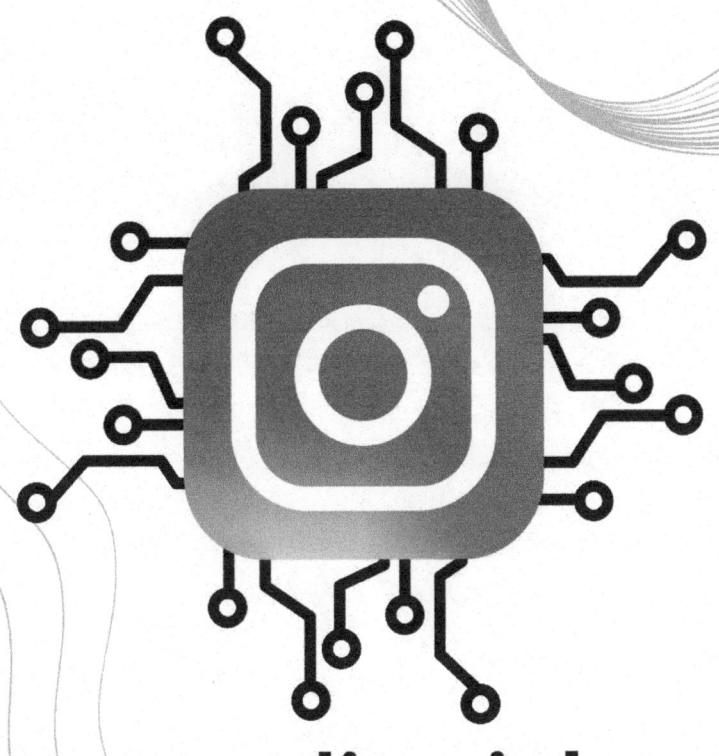

@grupoeditorialrama

¡ENVIANOS TU MAIL POR PRIVADO!

Grupo Editorial
ra-ma

40 ANIVERSARIO